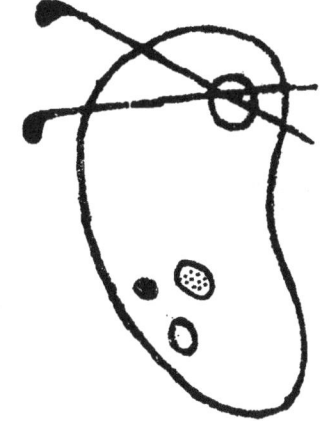

Début d'une série de documents en couleur

COUVERTURE INFERIEURE D'IMPRIMEUR.

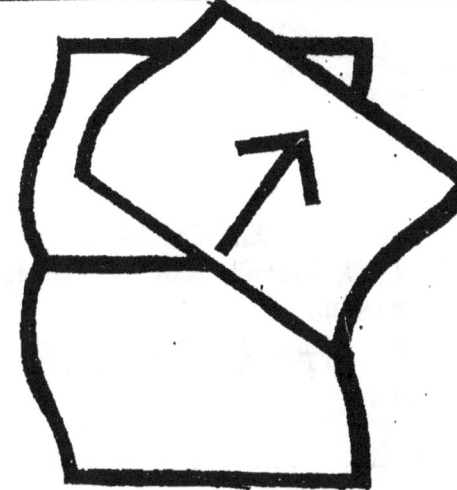

Couverture inférieure manquante

PAUL FÉVAL FILS

NOUVELLES

LE CURÉ-COLONEL
(Historique)

DIEU ME JUGE!

L'INVENTEUR DE LA POUDRE
(MARIO MONTFALCONE)

PARIS — LIMOGES
, Place St-André-des-Arts. 46, Nouvelle route d'Aixe, 46.
IMPRIMERIE ET LIBRAIRIE MILITAIRES
Henri CHARLES-LAVAUZELLE
Éditeur.

1890

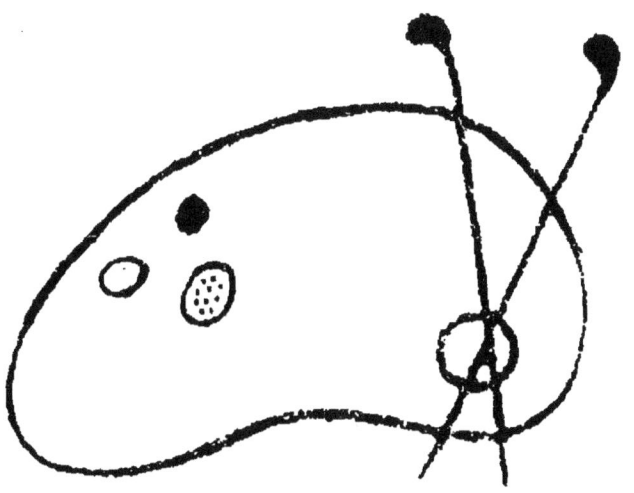

Fin d'une série de documents en couleur

NOUVELLES

DROITS DE REPRODUCTION ET DE TRADUCTION RÉSERVÉS

PAUL FÉVAL Fils

NOUVELLES

LE CURÉ-COLONEL
(Historique)

DIEU ME JUGE!

L'INVENTEUR DE LA POUDRE
(MARIO MONTFALCONE)

PARIS || **LIMOGES**
11, Place St-André-des-Arts. || 46, Nouvelle route d'Aixe, 46.

IMPRIMERIE ET LIBRAIRIE MILITAIRES

Henri CHARLES-LAVAUZELLE
Éditeur.

1890

LE CURÉ-COLONEL

(HISTORIQUE)

La nuit tombait, et aussi la pluie. Il faisait un fichu temps. Dans la petite cuisine du presbytère d'Aolbach (1), Catherine, la vieille servante de M. le curé, mettait tout en ordre avant d'aller se reposer, sans soupçonner qu'il lui faudrait veiller cette nuit-là.

On était aux derniers jours d'août 1870. La campagne, solitaire d'habitude, paraissait habitée. Çà et là, une pointe d'acier, le poli d'un casque scintillaient aux rayons d'un foyer invisible.

Comme la vieille Catherine allait mettre la barre sur la porte avant de monter dans sa chambre, il y eut un grand bruit sur le pavé de la cour où sonnaient les éperons et cliquetaient les sabres, puis, brusquement, le battant fut jeté en dedans sous la pression d'un corps humain que deux autres hommes poussaient devant eux.

— François, qui sont ceux-là ? demanda Catherine tremblante en aidant le malheureux à se relever.

Mais l'autre était déjà debout, brandissant à bout

---

(1) Nous dénaturons à dessein le nom de l'endroit et ceux des personnages.

de bras un énorme chenet qu'il maniait sans efforts apparents.

— Qui sont ceux-là! murmura-t-il; les misérables! des uhlans de Prusse, parbleu!

Et, s'adressant aux autres :

— Ouvrez l'oreille un tantinet, les têtes carrées; vous ne savez peut-être pas que vous avez à causer avec François Bournisien, ex-marchef au 3ᵉ chasseurs d'Afrique, dont la peau ressemble à un crible tant les balles y ont fait de trous sans l'endommager. Aussi, gardez vos distances ou je ferais la fin de vous. Respect à la demeure du colonel... de M. le curé, veux-je dire. Ah! tas de gueux, vous ne savez donc pas que c'est ici la maison de M. de Bourgueneuf qui, avant d'être d'église comme au jour d'aujourd'hui, était colonel de mon régiment et a descendu pas mal d'Arbis et de Russes dont le physique était un peu moins désagréable que le vôtre!...

Mais un troisième Prussien s'étant présenté, galonné celui-là, et voulant forcer le passage, François fit tournoyer son redoutable chenet en hurlant de toute la force de ses poumons :

— Mille biscaïens! toi, l'officier, je vais te faire rentrer sous terre...

Sa phrase s'acheva dans un cri de surprise. Une main venait de se poser sur son bras, l'arrêtant au moment où il allait frapper, et la voix mâle et calme de l'abbé de Bourgueneuf demanda :

— Vous oubliez trop souvent que je vous avais défendu de jurer, maréchal des logis; c'est une habitude incompatible avec le service de Dieu, votre nouvel état... Que demandent ces gens, à cette heure?

— Mon colonel... monsieur le curé, balbutia le pauvre François tout interloqué, cet officier prussien a un billet de logement pour ici...

— Que trouvez-vous là d'extraordinaire?... Conduisez-le à sa chambre.

— Et à laquelle, mon Dieu?... Il n'y a que la vôtre...

— Eh bien! donnez-la-lui.

François eut un geste d'énergique désapprobation, mais n'osa rien répliquer.

Jusque-là, l'officier allemand s'était promené de long en large en sifflotant un air de son pays, sans se soucier du colloque. Il s'arrêta en ce moment et demanda d'un air railleur:

— Où logeront mes hommes?

— Dans la grange, se hâta de répondre François.

— Votre grange n'a plus de toit, et la pluie tombe.

— Comprenez-vous notre langue, monsieur? demanda l'abbé de Bourgueneuf, qui avait semblé réfléchir profondément. Oui, n'est-ce pas? En ce cas, ma tâche sera plus commode... L'homme chez lequel vous êtes a été soldat comme vous, monsieur; sans une malheureuse blessure reçue à Balaclava, en Crimée, il serait peut-être général à l'heure actuelle...

Le curé d'Aulbach montra sa main droite qu'une entaille profonde séparait en deux, depuis le cartilage joignant l'annulaire au médius, presque jusqu'au poignet.

— Notre Seigneur m'a envoyé ce coup de sabre

pour assurer mon salut, continua-t-il, et ne pouvant plus servir la Patrie de mon épée, comme je n'avais jamais abdiqué les croyances chrétiennes de mon enfance, je me suis fait prêtre pour la servir encore avec la croix. Mon nouveau ministère de justice et d'abnégation m'ordonne d'être aujourd'hui un intermédiaire de paix et de conciliation entre vous et ce pays, où vous vous présentez en ennemi... Dieu est souverainement bon, je désire que vous le sachiez ; ce sont les vôtres qui ont enlevé le toit de ma grange, et, pourtant, par pitié, je vais les mettre dans le même asile que Dieu... Faites en sorte qu'ils le respectent. Vous n'avez devant vous que trois vieillards; en face du Sauveur, qui pardonne et qui punit, je mets ma maison et son église sous la protection de votre honneur de soldat.

Sur l'ordre de l'abbé de Bourgueneuf, François, qui avait été son ordonnance au régiment et s'était fait sacristain pour ne pas le quitter, avait installé le capitaine prussien dans la chambre de son maître et rangé ses uhlans, sur des bottes de paille, dans les bas-côtés de la petite église d'Aolbach. Tout ce monde s'était couché sans faire trop de bruit, après avoir fait honneur au petit vin de Lorraine de la cave du curé.

Vers les deux heures du matin, un paysan arriva couvert de boue et trempé de pluie, réclamant le ministère du prêtre pour une personne qui se mourait, à une lieue de là.

— Vite, vite ! monsieur le curé, disait-il, le bonhomme est pressé de partir, et il n'attendra pas.

L'abbé s'était levé en hâte et sans répondre. Toutes les objections de François ne firent que le faire se presser un peu plus.

— Mais, il n'y a pas de bon sens, gémissait le brave sacristain; monsieur l'abbé ne pense pas à courir les routes par ce temps noir, où le diable marcherait sur sa queue, par cette pluie qui tombe comme une bénédiction! Le bois est plein de sacripants d'Allemagne..., et puis, cet officier et ses uhlans!...

— Fais bonne garde, répondit le curé, en mettant son chapeau et en franchissant le seuil... Dieu va toujours au-devant des âmes qui viennent à lui.

. . . .

Il y avait plus de deux heures qu'une orgie monstre se menait dans l'église même du petit village d'Aolbach. A peine l'abbé de Bourgueneuf s'était-il perdu dans la nuit, que le capitaine prussien se réveillant avait eu idée de regoûter au vin de Lorraine et, en officier bon prince, il avait invité ses hommes à faire comme lui.

Vers quatre heures du matin, comme le curé, absosolument trempé, longeait les murs de son église pour regagner le presbytère, il buta contre le corps d'un homme couché à terre et entendit un gémissement.

— C'est toi, François, murmura-t-il en se baissant; que fais-tu là?

Le sacristain, car c'était lui, grelottait sur la terre humide.

— Le lâche! grinça-t-il. Ah! mon colonel, le lâche officier m'a garrotté par surprise; il a forcé la porte de la cave et, pendant toute votre absence, il a souillé la maison du bon Dieu en buvant et en chantant.

Le prêtre venait de couper les liens qui retenaient son sacristain, il se précipita comme un fou sur le portail de l'église qui s'ouvrit à la première poussée. Alors les deux hommes reculèrent devant le spectacle qui s'offrait à leurs yeux.

Tous les cierges du chœur, tous les candélabres étaient allumés éclairant une foule de soldats prussiens, couchés pêle-mêle, dans la pose où l'ivresse les avait terrassés. Au milieu d'eux gisaient deux futailles éventrées desquelles coulait encore, se répandant sur les tapis, un mince filet de liquide pourpre.

L'abbé de Bourgueneuf et François considéraient ce tableau avec stupeur. Mais lorsque leurs regards tombèrent sur le maître autel, ils se signèrent avec épouvante en murmurant :

— Sacrilège!

Sur la pierre même du saint sacrifice, le capitaine teuton était étendu de tout son long, cuvant avec volupté le petit vin de Lorraine.

— François, dit le curé, va prendre cet homme et porte-le au dehors du saint lieu.

Quand le sacristain eut accompli cet ordre, l'abbé de Bourgueneuf reprit s'adressant à l'officier prussien que ce transport avait réveillé et que la petite pluie fine qu'il recevait sur le visage dégrisait peu à peu :

— Monsieur, pendant la campagne d'Afrique, à Biskra, alors que j'étais simple capitaine, un de mes hommes, le meilleur de mes soldats, commit un vol;

je fis fusiller le voleur. Plus tard, en Crimée, j'étais colonel, et je fit passer par les armes mon plus fidèle ami, un jeune lieutenant d'avenir qui m'avait deux fois sauvé la vie et que j'avais surpris commettant une action indigne !...

— François, s'interrompit-il en s'adressant à son sacristain, va décrocher mon sabre de cavalerie qui est sous le crucifix dans ma chambre...

Et, regardant le capitaine droit dans les yeux :

— Vous devinez, monsieur, qu'il était de votre devoir de montrer à vos soldats l'exemple de la discipline et de l'honneur. Vous y avez manqué d'une façon ignoble; je suis arrivé trop tard pour vous éviter une infamie et un crime. Vous avez souillé la maison de Dieu que j'avais mise sous la sauvegarde de votre loyauté. Il faut que vous m'en rendiez compte. Ces actions-là on ne les fait pas punir, on les châtie soi-même ! Je suis le serviteur de Dieu, vous avez insulté mon maître, préparez-vous, monsieur ! Oubliez que je suis prêtre, souvenez-vous seulement que j'ai été soldat et songez que je saurais vous contraindre si vous osiez vous récuser.

L'Allemand, complètement dégrisé, avait regardé tout d'abord avec étonnement ce grand vieillard calme et froid, puis il avait baissé la tête, comme honteux.

— Je suis à vos ordres, monsieur l'abbé.

L'abbé de Bourgneneuf prit de sa main gauche le grand sabre que lui apportait François et ce dernier ayant allumé une lanterne sourde à la flamme d'un cierge, les trois hommes se mirent en route.

Ils longèrent à l'extérieur le bas-côté de l'église, et, dans l'obscurité, que rendait plus épaisse encore la timide clarté de la lanterne, l'étranger ayant trébuché contre une pierre, l'abbé lui dit de sa voix grave, en le soutenant :

— Attention, monsieur, nous sommes ici dans le champ du Repos, et vous venez de buter contre une tombe.

Un court tressaillement parcourut le corps de l'Allemand de la tête aux pieds. C'était un présage funeste ; les gens de son pays ont une superstitieuse terreur des augures de ce genre.

A partir de ce moment, il marcha comme un automate, perdant tout sentiment de dignité.

Ils franchirent la porte de la grange.

— Nous serons bien, ici, monsieur, murmura l'abbé en refermant la massive porte ; ces murs nous défendront contre les indiscrets et les vôtres ont eu la bonne idée d'enlever le toit. Nous combattrons donc sous le regard de Dieu, souverain juge des paroles et des actes.

Sur son ordre, le sacristain avait accroché la lanterne à un vieux clou rouillé de la muraille, et la lueur vacillante, fouettée par le vent, montrait la gigantesque et sombre silhouette du prêtre en face de l'officier allemand, dont le visage avait une pâleur de cadavre.

— Le terrain est bon, n'est ce pas, monsieur ? fit encore l'abbé de Bourgueneuf, en essayant la trempe de son sabre sur la terre durcie.

Cette voix au timbre toujours uniforme révolutionnaît l'officier allemand; de grosses gouttes de sueur tombaient de son front; il n'aurait su dire pourquoi, mais il avait peur, atrocement peur, et ne pouvait s'empêcher de penser à la pierre tombale sur laquelle il venait de trébucher et sous laquelle il lui semblait se voir déjà couché, rigide et froid.

— Défendez-vous, monsieur, murmura l'abbé en se mettant en garde. Toi, François, ajouta-t-il, à genoux mon garçon, et prie pour celui qui va mourir!

Devant l'assurance de ce terrible homme, le capitaine sentait ses forces l'abandonner. Lentement il dégaîna.

François Bournisien, le marchef sacristain, prosterné dans une encoignure, récitait à haute voix la prière des agonisants :

— *Suscipe, Domine, servum tuum.*

Lorsque les deux lames se croisèrent, le choc fut si violent que les cheveux se hérissèrent sur le crâne du capitaine, ses doigts se détendirent et son sabre, décrivant une parabole, alla se planter en terre à dix pas derrière lui.

— En garde! Monsieur, répéta le prêtre de plus en plus imperturbable; peut-être ne savez-vous pas vous battre avec un gaucher; eh! bien, qu'à cela ne tienne.

Et comme le capitaine revenait avec sa lame, il assujettit la poignée de la sienne dans sa main mutilée.

— *Libera, Domine, animam servi tui...* disait le sacristain.

Le sabre du prêtre tournoyait avec une effrayante rapidité. Trois fois déjà, l'Allemand avait été touché entre les deux yeux, juste au même endroit; son sang coulait goutte à goutte; mais si la blessure était légère, il voyait bien qu'il ne devait cette prolongation d'existence qu'à la pitié de son adversaire ou à sa cruauté. Enfin, son arme, liée pour la seconde fois, fut arrachée d'entre ses doigts crispés et, traversant l'air avec un sifflement de couleuvre, franchit le mur de la grange pour aller retomber dans le champ voisin.

— Pitié! gémit le capitaine que le souvenir de la pierre tombale hantait; pitié, monsieur l'abbé! je suis chrétien, et vous ne voudriez pas me voir mourir sans confession!

— Qu'à cela ne tienne! redit encore l'imperturbable curé.

Puis, lâchant tout aussitôt le sabre dont il savait si bien se servir :

— Dieu ne veut pas la mort du pécheur, murmura-t-il d'une voix tendre en relevant son adversaire. J'ai voulu vous donner une leçon d'escrime pour vous apprendre à respecter les choses saintes. Demandez pardon à celui qui est mort pour vous sauver et tout sera oublié.

. . . .

A l'aube, la compagnie prussienne fut reconduite sous bonne escorte à la frontière. Tel avait été le vouloir du curé d'Aolbach. Le sacristain François Bournisien, se souvenant fort à propos de la façon dont il réquisitionnait lorsqu'il était maréchef aux chasseurs d'Afrique, avait fait lever tous les vieillards à peu près valides restés au bourg. Avec cette redoutable troupe armée de vieilles colichemardes et de fusils préhistoriques, il avait envahi l'église et fait prisonniers, sans coup férir, tous les ivrognes qui y dormaient ; mais, à son grand regret, il avait dû exécuter les ordres de son *colonel* et ramener en leur pays ces *mâcheurs de paille*, comme il les appelait.

Le capitaine allemand, lui, avait disparu. Jamais plus l'armée du prince Frédéric-Charles, à laquelle il appartenait, n'entendit parler de lui. Il avait accompli un serment fait dans cette nuit terrible, et l'Eglise comptait un néophyte de plus.

Pour l'abbé de Bourgueneuf, tandis que ses administrés, pleins de respect pour lui, marchaient avec orgueil vers le Rhin, conduisant la compagnie prussienne l'oreille basse, il était dans sa chambre, à genoux devant son crucifix. Les yeux pleins de larmes, il regardait l'image de son maître et murmurait en se frappant la poitrine :

— Pardon ! Seigneur, pardon ! Je crois n'avoir point mal fait, car si j'ai dérobé un instant à la pensée de votre gloire, c'était pour le mettre au service de mon pays !

FIN

Dieu me juge !

I

Le proconsul s'amuse

Un soir de janvier 1793, il y avait festin à Nantes, chez Carrier, représentant de la République. La veille, une demi-brigade était arrivée et le proconsul régalait les officiers.

La compagnie était nombreuse, sinon bien composée ; les autorités nantaises fraternisaient avec les défenseurs de la Patrie.

Dans une sorte de *lectulum*, réminiscence républicaine, Carrier était assis, ou plutôt vautré. A sa gauche se tenait le citoyen Berthot, son secrétaire ; à sa droite, un officier supérieur de la demi-brigade. Ce dernier avait nom Robert.

Le souper fut longtemps silencieux, les serviteurs de la Convention se craignaient toujours, et le plus souvent se détestaient. Pour les rendre camarades, il fallait l'ivresse.

Sur son siège romain, Carrier se démenait, blasphémait, ricanait, gourmandant la taciturnité générale et déclarant suspect quiconque ne hurlerait pas décemment. Alors, quelques cris s'élevaient, lugubres et contraints, puis revenait le silence. Heureusement on buvait en conscience ; l'ivresse vint bientôt, et le maître du logis put se délecter à l'aise.

L'orgie marchait comme il faut. Carrier seul et son voisin de droite, le citoyen Robert, avaient gardé leur sang-froid.

C'était la suprême jouissance du Robespierre nantais, de présider, sain, ou à peu près, une assemblée de gens ivres. A plusieurs reprises, il examina son voisin d'un air mécontent.

Tout autour de la table, les officiers jasaient et contaient leurs bonnes fortunes, thème éternel de l'officier par tous pays. Quelques-uns se prirent à railler Robert; ils l'appelaient le sage. Carrier jeta sur lui un dernier regard.

En ce moment, le citoyen Berthot, confident du despote et son meilleur ami, lui dit à voix basse en se penchant vers son oreille :

— Laisse-moi me retirer, citoyen, je suis marié depuis hier seulement, et ma femme m'attend.

Carrier fronça ses gros sourcils en jurant, puis, tout à coup, il se prit à sourire. Ceux des convives qui le regardaient se sentirent frissonner. La gaieté du magistrat conventionnel annonçait toujours un malheur.

— Reste, mon ami, dit-il à Berthot d'un ton amical... Citoyen Robert, je bois à ta santé !

Le jeune officier ne pouvait manquer de lui faire raison.

De ce moment, Carrier, par une de ces manœuvres dont les buveurs ont le secret, s'attacha à enivrer son voisin. Il y réussit en peu de temps. Avant cela, Robert avait gardé sa tête, parce qu'il s'était ménagé soigneusement, suivant son habitude. Mais alors sa joue devint pourpre, ses yeux brillèrent outre mesure. Le stratagème de Carrier avait complètement réussi : Robert était le plus ivre de l'assemblée.

— Citoyen, ne vais-je point retrouver ma femme? demanda pour la seconde fois Berthot.

— Reste encore, mon ami, reste, dit Carrier... Et vous prétendez, continua-t-il en s'adressant aux officiers, que le citoyen Robert est un sage ?

— Un Caton, crièrent les uns.

— Une vestale, hurlèrent les autres.

En cet heureux temps, on ne pouvait choisir des formes de comparaison ailleurs que dans l'histoire romaine.

— C'est fort bien. Si nous le débauchions ce soir ?

Robert n'entendait pas, sa tête oscillait, sa raison l'avait complètement abandonné, il chantonnait un informe refrain.

La motion de Carrier fut accueillie avec enthousiasme.

— C'est cela ! Débauchons-le ! beugla en chœur l'assemblée.

Enhardi par le vin qu'il avait absorbé, Berthot osa toucher le bras de son maître, en disant :

— Au nom du ci-devant démon, laisse-moi aller retrouver ma femme.

Une seconde, Carrier le regarda d'un air satisfait, puis son rire éclata, bruyant, satanique.

— Tu aimes donc ta femme, toi, citoyen ? dit-il.

Et sans attendre la réponse :

— Va, mon ami, je te permets...

Avant que Carrier eût terminé sa phrase, l'heureux Berthot s'était précipité vers la porte; Carrier continua; le secrétaire resta cloué au seuil.

— ... Je te permets de nous amener la citoyenne, qui doit être jolie. La femme d'un ami est aux amis. Va, citoyen, et fais vite !

Berthot pâlit et se redressa. L'ivresse avait fui.

Adoucissant sa voix, Carrier répéta bénignement son ordre.

Alors, on put voir deux larmes... deux vraies larmes, jaillir des yeux de Berthot et descendre lentement sur ses joues.

— Pitié ! murmura-t-il.

— Qu'y a-t-il donc ? se demandaient les officiers étonnés.

Les autorités nantaises secouaient gravement leurs rouges visages. Quelques-uns, ennemis du sinistre favori, laissaient errer de méchants sourires sur leurs lèvres épaissies.

— Citoyen, dit Berthot d'une voix suppliante, je t'ai servi avec zèle et fidélité.

— Pas tant de paroles... dépêche !

— Ah ! citoyens, intercédez pour moi, s'écria le misérable secrétaire, en tombant à genoux.

Carrier fit un geste; Berthot leva vers le ciel un

regard désespéré et se précipita hors de la chambre. On se reprit à boire de plus belle. Les convives, parvenus à la dernière période de l'ivresse, écoutèrent sans frémir l'affreux plan conçu par Carrier, afin de *débaucher* le jeune officier républicain. Lorsque revint Berthot, un sourire insultant, impitoyable l'accueillit. Il tenait par la main une femme jeune et belle qui lui résistait.

— C'est peut-être bête, mais je suis content de toi, dit Carrier en tendant la main.

Le secrétaire la prit et la serra respectueusement.

— Je bois à ta santé, fit alors le proconsul nantais en se levant, citoyen Robert, je bois à tes amours ! A ta première nuit de noce avec la citoyenne !

Tous les convives s'étaient levés, sur un signe, ils quittèrent la table et passèrent dans une autre pièce. Carrier sortit le dernier, appuyé familièrement sur le bras de son secrétaire. Dans la salle à manger, la citoyenne Berthot était seule avec Robert.

Au bout d'un instant, Robert fixa son regard troublé sur la jeune femme.

— Viens m'embrasser, puisque je suis ton mari, dit-il en riant d'un rire idiot.

La citoyenne Berthot s'éloigna de lui avec dégoût. L'œil morne et hébété de Robert brilla un instant.

— Oh! oh! fit-il d'une voix épaisse; on fait des manières avec son petit homme...

Il se leva avec difficulté et, s'appuyant à la table, il essaya d'en faire le tour pour se rapprocher de la jeune femme.

Effrayée, celle-ci faisait deux pas en arrière chaque fois que l'officier en faisait un en avant.

Robert, dont la tête tournait, et qui sentait ses jambes faiblir, commença bientôt à se lasser de cette poursuite sans résultat. La fureur lui monta au cerveau et, cette colère rendant quelque solidité à ses jambes flageolantes, il s'élança vers la citoyenne Berthot en courant, renversant les chaises, les bancs, les fauteuils, enfin tout ce qui s'opposait à son passage.

En ce moment le pauvre officier voyait rouge, mais Dieu eut pitié de lui et le fit trébucher, juste à l'instant où la citoyenne que la terreur paralysait jetait un cri de terreur et s'affaissait évanouie.

Robert, emporté par son élan, alla tomber comme une masse auprès de la jeune femme et, calmé subitement, s'endormit en grognant du pénible sommeil des ivrognes.

Dans la pièce voisine, il y eut un concert de bravos frénétiques. Carrier et ses convives avaient assisté à toute cette scène et, croyant avoir réussi dans son entreprise, le terrible conventionnel qui aimait les farces épouvantablement drôles, avait donné le signal des applaudissements en se tordant de rire.

Seul, le citoyen Berthot ne riait pas. Pâle et défait, mais calme d'apparence, il se tenait à côté de son maître, labourant sa poitrine avec ses ongles.

En tombant, Robert avait renversé le candélabre et l'obscurité s'était faite dans la salle du festin.

Carrier satisfait alla se coucher en permettant à

Berthot de reprendre sa femme. Ce dernier pénétra dans la salle et voyant le jeune officier dormir auprès de la citoyenne évanouie, il eut vaguement la perception de ce qui s'était passé en réalité et fut sur le point de rire de tout cet échafaudage de mal habilement construit par son digne patron, et qu'il n'avait été en somme qu'un horrible cauchemar, puisque l'officier s'était trouvé dompté par l'ivresse en même temps que le candélabre tombait, ce qui lui avait permis de s'endormir sans donner de soupçons au despote.

Mais il réfléchit et la réflexion chez Berthot était une vilaine conseillère. Au bout du compte, pour tout le monde le mal était accompli ; s'il disait le contraire, maintenant, nul ne voudrait le croire. A bien y penser, cela ne lui déplut pas ; il avait son idée.

Il ramena sa femme en son logis, et, peu de temps après, celle-ci disparut pour ne plus jamais revenir.

. . . .
. . . .

Le lendemain, Robert chercha en vain, dans sa cervelle troublée, le souvenir des événements de la veille. Habitué qu'il était à une sobriété rigide, cette orgie l'avait complètement bouleversé.

Dans leur erreur, ses camarades l'instruisirent par leurs plaisanteries et, malgré l'étrangeté du fait pour lui qui était si timide et si bon, comme il avait au plus haut degré le respect de l'honneur, il annonça l'intention de se rendre près du malheureux Berthot, afin de lui offrir toutes les réparations qu'il pourrait exiger.

— Citoyen Robert, lui dit alors un vieux lieutenant,

vous ferez ce que bon vous semblera ; mais ce Berthot ne vaut pas la peine que vous allez prendre. Il a été soldat avant de choisir le métier qu'il fait aujourd'hui. Je l'ai connu à Metz ; il y fut publiquement dégradé en 1776.

— Fût-il pire que cela, je lui dois réparation, répondit Robert, en s'apprêtant à sortir, et je la lui donnerai.

— Citoyen, c'est votre affaire, je vous dirai toujours que, s'il m'en souvient, Berthot était maître en fait d'armes au régiment de ci-devant Matignon.

Cette dernière observation n'était pas de nature à retenir un jeune officier qui avait gagné tous ses grades sur les champs de bataille ; il alla trouver Berthot. Celui-ci le reçut avec une indifférence polie ; il coupa court aux explications pleines de franchise que voulut lui donner Robert ; il essaya même une inconvenante plaisanterie sur les façons d'agir de son maître, le citoyen Carrier.

Robert se retira surpris et indigné.

Depuis lors, loin de lui garder rancune, Berthot sembla lui faire des avances plus grandes que ne le comportait la courtoisie de l'époque. A différentes reprises, le vieux lieutenant avertit Robert de se tenir sur ses gardes, mais l'affaire était assoupie depuis longtemps, et, d'ailleurs, Carrier avait annoncé qu'un châtiment prompt et positif suivrait tout témoignage de rancune donné par son bien-aimé secrétaire.

Les choses en étaient là, quand sur un ordre venu de Paris, on dirigea une colonne d'observation vers Guérande où se faisaient de nombreux embarquements d'insurgés. On parlait aussi d'une bande considérable commandée par le vicomte Georges de Bresnay qui, se transportant rapidement du Morbihan en Ille-et-Vilaine, menaçait tout le littoral de la Loire-Inférieure.

A toute armée ou corps d'armée, il fallait alors un agent du gouvernement conventionnel pour gérer les manœuvres et paralyser les mouvements par la couardise et l'ignorance. Robert commandait la colonne dirigée sur Guérande; Berthot le suivit.

Pour qui connaissait un peu Carrier, ce choix n'avait rien de surprenant; Berthot et Robert n'avaient aucune raison pour se chérir; c'était une garantie.

Tous deux partirent. Outre les troupes régulières, une escouade de misérables, soi-disant volontaires, mais en réalité suppôts de la police nantaise, suivait le détachement. Ces derniers étaient sous les ordres immédiats de Berthot. Ils s'installèrent avec lui à Guérande même, tandis que Robert prenait position à Saint-Nazaire avec la majeure partie de sa colonne.

II

Gentilhomme républicain

Le manoir de Karhouët est situé à une demi-lieue de Saint-Nazaire. Depuis le xiie siècle, il fait partie des domaines de la maison de Bresnay. La dernière Karhouët, épouse de Julien Marker, chevalier, seigneur de Bresnay, Guérande et autres lieux, y mourut en 1839.

Depuis sa fondation, qui remonte à une époque fort reculée, le noble château a soutenu bien des sièges. Le temps et l'homme, ces deux éternels démolisseurs, ont fait plus d'une brèche à sa double enceinte de murailles; mais ils ont été vaincus l'un et l'autre.

A l'heure présente, Karhouët est encore une demeure quasi-royale.

Quand un navire, après avoir longé les côtes de Bretagne, arrive et veut entrer en rade, passagers et matelots montent sur le pont; ils ont vu de loin Guérande, le Croisic et ses salines; ils ont vu le squelette décrépit déjà du château bourgeois de Carheil; un regard distrait s'est élancé au delà.

— Voici, sous le vent, l'anse de Bresnay-Karhouët ! a dit le capitaine, vieux caboteur, habitué à ménager l'admiration périodique de ses passagers.

Tous les yeux se tournent vers l'anse, les jumelles

sont mises au point..... Peine inutile..... L'anse, vue de profil, offre un double promontoire dont les deux pointes se recourbent l'une vers l'autre, comme des pinces d'un crabe et s'arrêtent juste assez pour former la barre du fleuve. Il faut être en face de la passe pour que le regard puisse plonger à l'intérieur. Cependant, le navire marche, poussé par une bonne brise du large, à mesure qu'on avance, les deux promontoires semblent s'ouvrir lentement. Enfin, les bosquets du rivage apparaissent. A perte de vue, une longue avenue aligne ses huit rangs de chênes gigantesques; à son extrémité se dresse une masse noire qui semble, lorsque la brume vient jeter son léger voile sur le passage, le fantôme d'un manoir des temps chevaleresques.

Quand le ciel est serein, au contraire, on peut distinguer le château en détail et admirer sa magnifique architecture. Au-dessus de la dernière enceinte, se dressent deux immenses étages ; au-dessus encore, la cloche de la chapelle dentelée à jour, comme tous les clochers de Bretagne. Ce devait être de puissants seigneurs, que les maîtres de Karhouët ! Après tant de siècles, leur manoir fait honte à toutes les demeures modernes qui se sont groupées autour.

Du temps où se passe notre histoire, la famille de Bresnay se composait du comte, chef de nom et d'armes, du chevalier de Bresnay, son frère, de deux neveux, fils de frères décédés, et de Lucienne, unique héritière du comte.

Georges de Bresnay, l'un des neveux, commandait

une bande d'insurgés ; Lucien, son cousin, servait la République. A tous deux, le comte leur avait tenu lieu de père ; il avait formellement défendu qu'on prononçât devant lui le nom de Lucien. L'existence d'un Bresnay sous l'étendard révolutionnaire était le plus grand malheur qui pût affliger sa vieillesse.

Vers le commencement du printemps de 1793, tous les membres de la famille, sauf les deux neveux, étaient rassemblés dans le petit salon du château. Un désordre extraordinaire régnait dans cette pièce ; des malles et des valises encombraient le plancher et les meubles ; les domestiques entrant et sortant, ajoutaient sans cesse de nombreux objets au monceau qui s'élevait déjà au milieu de la salle.

Dans un coin, le comte serrait des papiers dans un portefeuille. Près de lui était une forte somme en or. Lucienne la disposait en rouleaux, qu'elle cousait ensuite dans des ceintures de cuir.

Pendant cela, M. le chevalier de Bresnay chantonnait, prenait du tabac, secouait son sabot, ou rivalisait d'élasticité avec lui-même en sautant par dessus sa canne, le tout en l'honneur de Sa Majesté le Roi de France.

Le comte était un vieillard de hautaine et sévère mine. On voyait qu'une grande douleur avait pesé sur les derniers jours de sa vie. Tout en disposant ses papiers, il en lisait quelques-uns au hasard. Parfois, un fier sourire relevait sa lèvre, quand il tombait sur un titre authentique, prouvant que sa race était des plus nobles de la chrétienté ; parfois aussi, lorsqu'il venait à faire un retour vers le temps présent, une expression d'amertume profonde éteignait son regard.

Lucienne, charmante fille de dix-huit ans, s'approchait alors et présentait son front, où le vieillard déposait un baiser plein de passion paternelle.

Le chevalier pouvait avoir passé la quarantaine, mais il portait à peine trente-cinq ans. Il était petit, fluet et gaillard. Son costume était celui des fashionnables bretons en 89, lorsque pour la dernière fois les Etats s'étaient assemblés à Rennes. Sa physionomie, où aucune pensée sérieuse ne s'était sans nul doute jamais reflétée, peignait la frivolité la plus complète. C'était un enfant, mais un vieil enfant ridé, poudré à blanc, grasseyant fort et privé de dents.

Un seul sentiment, la terreur, pouvait chasser le perpétuel sourire qui embellissait son visage; il était craintif, mais fanfaron, tantôt de poltronnerie, tantôt de bravoure. Les républicains, les chenilles, les chiens enragés partageaient avec une foule d'autres choses terribles le privilège de lui occasionner la chair de poule.

Brave et honnête gentilhomme, d'ailleurs, il était fort estimé de ses connaissances.

Dans la famille, il était considéré comme une femme; ses frayeurs éternelles n'étonnaient plus personne; on lui donnait un laquais d'escorte quand il voulait sortir le soir.

— Avant qu'il soit deux mois, s'écria tout à coup le chevalier, Fontenoy, mon lévrier, sautera mieux que moi... Lucienne, ma chère nièce, je vous prie de faire attention à Fontenoy, le pauvre animal vous offre la patte depuis dix minutes.

La jeune fille quitta son ouvrage et flatta distraitement le chien ; celui-ci commença un joyeux jappement qui se termina par un hurlement sourd et irrité.

— On dirait, murmura la jeune fille, que tu pleures, toi aussi, le lieu de ta naissance.

Le comte l'entendit.

— Lucienne, ma pauvre enfant, dit-il avec gravité, il faut vous résigner. Un jour peut-être reviendrons-nous.

Lucienne secoua tristement la tête.

— Ma fille, reprit solennellement le vieillard, je ne vous ai point appris à douter de la Providence...

— Les Anglais sont de dignes gentilshommes, interrompit le chevalier qui vint prendre part à la conversation ; Fontenoy est de race anglaise... paix ! Fontenoy.

Le chien n'avait pas discontinué de pousser des hurlements sourds et plaintifs ; mais en ce moment il s'élança d'un bond vers la porte, qui s'ouvrit au même instant.

Un homme entra.

Le lévrier resta gueule béante, comme s'il eût hésité entre un coup de dent et une caresse. Dans le doute, il se retira tortueusement vers un coin du salon où il resta blotti, attachant curieusement son œil sur le nouvel arrivant.

C'était un officier républicain. A son aspect, le comte se leva brusquement. Un regard suppliant de

Lucienne put seul arrêter la menace qui se pressait sur la bouche du vieillard.

Saisi d'une enfantine frayeur, le chevalier avait prudemment imité son chien, il s'était retiré dans l'angle le plus obscur de la pièce.

— Qui vous amène chez moi? demanda M. de Bresnay avec hauteur.

L'officier avait parcouru le salon d'un regard curieux; les portraits de famille suspendus aux lambris avaient paru attirer son attention.

— Mon devoir! répondit-il d'une voix lente et basse.

Lucienne jeta sur lui un coup d'œil timide; elle tressaillit, et son visage se couvrit subitement de rougeur.

Au son de la voix de l'étranger, Fontenoy quitta sa cachette et vint se coucher à ses pieds.

— Qui habite avec vous cette maison? ajouta le républicain.

— Le château de Karhouët, répondit le comte avec orgueil, a pour habitants les Bresnay, leurs gens et ceux qui demandent leur hospitalité.

L'officier semblait distrait, presque craintif: En ce temps où tout ce qui portait un nom noble tremblait devant l'uniforme des soldats de la Convention, il était entièrement hors de son rôle. Le comte avait repris son siège.

L'officier comprit enfin combien sa posture était étrangement convenable, il se redressa soudain, et dit brusquement:

— J'ai nom Robert, je suis capitaine, je couche ici

ce soir; demain, je visiterai cette maison. Citoyen, je te requiers de faire préparer le nécessaire pour mes hommes et moi... nous sommes cinquante.

La porte s'ouvrit de nouveau et Berthot parut sur le seuil.

— As-tu interrogé les drôles, citoyen? dit-il.

Robert comprima un geste de violent dépit.

— J'ai fait ce que je devais faire, citoyen, répondit-il sèchement.

— Et tu sais la retraite du chouan Georges de Bresnay, Robert?

— Je sais ce qu'il m'importe de savoir.

Un sourire méchamment railleur passa sur les lèvres de l'agent de Carrier.

— C'est bien, dit-il, alors je me retire. A chacun la compagnie qui lui plaît; moi je préfère nos braves à ces traîtres..... au revoir, citoyen.

Le comte n'avait pas daigné répondre aux insultes de Berthot; quand ce dernier eut repassé le seuil, il prit la main de sa fille et se dirigea, lui aussi, vers la porte.

Terrifié d'épouvante à l'idée de rester seul avec un *bleu*, le chevalier fit une évolution pour le suivre. En même temps Robert s'approcha de Lucienne.

— Je vous attends, dit-il à voix basse.

En se retournant, il se trouva face à face avec le chevalier. La crainte d'avoir été entendu lui fit froncer le sourcil.

Le chevalier se courba profondément.

— Monsieur, fit-il..... citoyen..... bien flatté de faire votre connaissance.

Robert lui rendit son salut.

— Citoyen, reprit le chevalier avec assurance, nous ne sommes pas si mauvais que nous en avons l'air..... Tel que vous me voyez, j'ai un neveu qui est *bleu*..... républicain, veux-je dire..... vous le connaissez peut-être, Lucien de Bresnay.

A ce nom le comte repassa le seuil, et prenant rudement la main de son frère :

— Honte à toi ! dit-il.

Puis s'adressant à Robert :

— Cet homme a perdu la raison, les Bresnay ne servent point la république, Monsieur, et s'il se trouve quelqu'un parmi vos soldats qui prenne ce nom, dites-lui qu'il est faussaire ou bâtard !

Le chevalier s'était hâté de s'esquiver.

Le comte se retira lentement et la tête haute.

Resté seul, Robert fit rapidement le tour de la pièce; son regard s'arrêta sur un portrait de femme devant lequel il alla s'agenouiller.

— O ma mère, gémit-il, voilà donc comment revient ton fils au château de ses pères ! Ai-je donc forfait à l'honneur ?

Il resta ainsi longtemps, abîmé dans une rêverie profonde et pleine d'amertume. Une heure se passa; il était si absorbé qu'il ne vit ni n'entendit la porte s'ouvrir à deux reprises différentes. La première fois, ce fut la cauteleuse figure de Berthot qui se montra à demi derrière le battant entr'ouvert. Il remarqua les malles, regarda Robert avec surprise et soupçon, puis, s'avançant à pas de loup, souleva le rideau d'une fenêtre et se blottit dans l'embrasure.

Quelques minutes après, Lucienne, émue de crainte et de plaisir, posait son doigt sur l'épaule du jeune officier.

III

Cousin et cousine

Robert se leva en sursaut.

— Vous voilà donc revenu, dit la jeune fille. Hélas ! Lucien, j'espérais qu'on nous avait trompés.

Elle jetait un regard de reproche sur l'uniforme de l'officier républicain. Celui-ci prit sa main qu'il baisa avec une respectueuse tendresse.

— Lucienne, dit-il, Dieu m'est témoin que si j'ai commis une faute, j'en suis cruellement puni ; je pouvais m'attendre au courroux de mon oncle, mais le froid dédain, le partagez-vous, Lucienne ?

— Serais-je venue, si je le partageais ? répondit en souriant Mlle de Bresnay.

— Et Georges ?

— Georges est comme vous, Lucien, un bon et noble cœur, il a souvent encouru la disgrâce de son oncle en prenant votre défense.

— Son oncle !... répéta Lucien avec surprise ; n'est-il donc point votre mari, Lucienne ?

La jeune fille rougit et baissa la tête.

— Je n'ai point voulu me marier, dit-elle.

Il y eut un moment de silence pendant lequel Robert ou Lucien, comme il vous plaira de le nommer, interrogea la physionomie de sa cousine.

— Vous l'aimiez pourtant, dit-il d'une voix qui trahissait sa profonde émotion.

— Il sera toujours pour moi le meilleur, le plus aimé des frères, répondit Lucienne avec simplicité.

Un tendre et confiant sourire anima le charmant visage de Mlle de Bresnay.

Lucien était devenu pâle, il respirait avec effort; un espoir subit forçait malgré lui l'entrée de son cœur. Puis tout à coup, avec un geste de découragement, il leva lentement la main et toucha sa cocarde tricolore.

— Et maintenant il est trop tard, murmura-t-il.

Lucien de Bresnay avait été autrefois le favori du comte; c'était un enfant réfléchi, sérieux, intelligent, franc et ferme. Plus âgé d'un an que son cousin Georges, il lui avait toujours témoigné une tendresse fraternelle.

Autant qu'il le pouvait, Lucien prenait pour lui le travail ou le châtiment, laissant à Georges le plaisir ou les caresses.

Il y avait dans cet enfant une exagération de dévouement que l'âge ne fit que développer. Elevés tous deux sous le même toit que Lucienne, Georges et Lucien l'aimèrent; Lucien, plus circonspect, garda son secret; Georges prit pour confident son cousin dont il ignorait l'amour.

Lucien avait dix-neuf ans, il avait cru s'apercevoir que sa recherche flattait les secrets desseins du comte, et, ne présentant point d'obstacle, il s'était donné entièrement à sa passion. Son extérieur froid cachait une âme ardente; aucune parcelle de sa tendresse ne s'était détachée dans ces causeries juvéniles où les adolescents, d'ordinaire, ont à cœur de traiter cette matière.

Taciturne et contemplatif, il s'était fait un bonheur tout interne.

Son amour accru dans le silence, avoué par sa raison, lui tenait lieu de tout autre rêve d'avenir. Et pourtant il s'avouait que si, un jour, Georges qu'il considérait comme son petit frère, comme son protégé, venait à aimer Lucienne, ce qui raisonnablement ne pouvait arriver, son avenir serait à jamais renversé, son bonheur détruit sans ressources.

Georges n'était-il pas un enfant ?

Aussi, la première confidence de son cousin fut pour lui un coup de poignard. La pensée de souffrir lui apparut tout d'abord. Nature choisie, cœur d'élite, il résolut, dans sa force, de se sacrifier pour le bonheur de son cousin.

— T'aime-t-elle ? demanda-t-il avec effort.

Georges était un enfant, et, comme tous les enfants, il ne péchait nullement par excès de modestie.

— Oui, frère, elle m'aime, répondit-il.

— Et toi, n'est-ce point un caprice, un amour passager ?

Georges se récria fort à cette supposition, et Lucien, jugeant son cousin par lui-même, demeura persuadé qu'il tenait le bonheur de Georges entre ses mains. Homme seulement par la vigueur de son caractère, il poussa l'abnégation jusqu'à l'héroïsme. Une minute après, sa détermination était prise; il ne balança point.

Le lendemain, on s'aperçut que Lucien avait disparu du château; une lettre apprit au comte, son second père et son tuteur, sa résolution de se faire soldat, ce pourquoi il s'était rendu à Paris.

Le comte fit aussitôt le voyage; il trouva Lucien déjà revêtu de l'uniforme des gardes françaises.

Après avoir fait d'inutiles efforts pour connaître le motif de sa fuite, M. de Bresnay reprit la route de Bretagne, fort mécontent.

Durant son séjour dans la capitale, il avait acheté une compagnie pour son neveu.

Ceci se passait en 1788.

Lucien resta capitaine une année.

Les idées philosophiques et révolutionnaires commençaient à courir.

Le jeune Breton, doué d'un jugement droit, mais ignorant complètement la vie, fut séduit comme tant d'autres.

Il accueillit avec ardeur les utopies brillantes et mensongères.

Il fut républicain en 89.

Il mit bas ses épaulettes et redevint soldat par civisme, sous le nom de Robert, qu'il avait adopté.

Son grade actuel avait été conquis par lui sur les champs de bataille.

Durant les trois années qui suivirent, ses opinions se modifièrent sensiblement.

En 93, époque où nous le trouvons au château de

ses ancêtres, il revenait républicain, mais profondément dégoûté de toutes les horreurs qui avaient dégradé l'ère républicaine.

A la vue de Karhouël, ce reste d'attachement aux doctrines nouvelles faillit s'évanouir.

Par une bizarre anomalie, Lucien n'avait pas cessé d'être chrétien tout en servant le parti qui brisait les autels.

Tous les souvenirs de son enfance lui revinrent en foule, l'assaillirent à la fois. Il se rappela son vieil oncle et l'enseignement chevaleresque qu'il avait reçu de sa bouche austère :

« Adorer Dieu ! Servir le Roy ! »

Il ne se repentait point d'avoir quitté autrefois Karhouël ; mais il déplorait amèrement le hasard qui l'avait poussé à Paris.

Son cœur, trop pur pour dépouiller des croyances qu'il croyait bonnes, regrettait sa tranquille ignorance d'autrefois.

Une seule chose le consolait : son sacrifice avait fait le bonheur de Georges, son frère d'amitié.

Or il s'était dévoué en pure perte.

Sa conversation avec Lucienne lui apprit qu'il se trompait.

Tout le bonheur qu'il avait abandonné jadis, nul n'en avait profité. Bien plus, il crut deviner qu'il n'avait point souffert seul; Lucienne l'aimait et ne l'avait jamais oublié.

Un instant, l'espoir vint; ce fut comme un rêve délicieux et passager.

Il fit abstraction de ces quatre années toutes pleines de travaux sans récompense morale, d'efforts suivis de déceptions ; il se revit comme autrefois, riche, noble et fier de sa noblesse ; il retrouva dans sa cousine la fiancée que son oncle lui destinait. Puis le rêve s'évanouit, la réalité se montrait ; il y avait désormais un abîme entre la fille du comte de Karhouël et l'officier de la République.

— Il est trop tard, répétait-il.

Lucienne le comprit :

— Le repentir efface la faute, dit-elle en mettant sa main blanche dans la main de son cousin, on pardonne aisément à certains coupables.

Puis comme Lucien ne répondait pas, elle ajouta d'une voix douce, presque suppliante :

— Il n'est jamais trop tard pour accomplir une réparation.

— Une réparation ! s'écria le jeune officier, je ne m'abuse donc point ; vous m'aimiez, Lucienne ?

— Je vous aimais... Je vous aime encore, dit la jeune fille dont le beau front devint pâle, mais qui ne baissa point les yeux.

Lucien resta comme ébahi de la brusquerie de cet aveu.

Lucienne, si pleine de retenue, si timide autrefois, lui disait sans trop d'émotion ce que les femmes retiennent longtemps d'ordinaire.

Il la regardait et son visage reflétait la plus profonde stupéfaction.

— Vous m'aimiez aussi, reprit Lucienne, j'avais

deviné, dans ce temps, la moitié de votre secret ; Georges m'a divulgué l'autre. Ce fut un noble sacrifice, mon cousin, je dois l'admirer, bien qu'il m'ait fait cruellement souffrir..., mais aujourd'hui, tout peut se réparer ; vous voilà de retour, oublions ces quatre malheureuses années. Mon père m'aime, il cèdera à mes vœux quand je le prierai de me donner à vous... Voulez-vous être mon mari, Lucien ?

La surprise de celui-ci, arrivée à son comble, se changea brusquement en défiance.

La jeune fille diplomate s'était méprise, elle était allée trop vite et trop loin. Lucien connaissait sa cousine et l'austère éducation qu'elle avait reçue ; il savait que l'amour était un sentiment dont elle devait rougir, qu'elle ne pouvait avouer, au moins, avec ce calme étrange.

Lucienne était pure et vraie, ce qu'elle avait dit n'était point un mensonge ; mais il y avait autre chose.

Lucien entrevit un écueil derrière les paroles de sa cousine ; elle voulait l'enlever d'un seul coup au service de la République, peut-être l'attirer au service des princes.

Il ne se trompait en rien.

Cette idée le mit sur ses gardes.

Avec les sentiments exagérés d'honneur et de dignité qui remplissaient le cœur du jeune officier, il est à croire qu'il n'eût point cédé même sans cette circonstance. Ces sentiments louables, mais développés au delà de toute mesure, le faisaient reculer devant toute démarche à laquelle il pût avoir un intérêt direct.

Dégoûté la veille des républicains, sinon de la République, il se souvint qu'ils étaient ses frères quand la pensée d'une défection se présenta, entourée de tout un avenir de bonheur. Pour souffrir, il eût déserté peut-être la cause de la Convention; il eut honte de se vendre au bonheur.

Mlle de Bresnay attendait avec inquiétude sa réponse; après une hésitation de quelques secondes, Lucien montra de nouveau sa cocarde.

— Il est trop tard! répéta-t-il encore d'une voix triste. Je vous aime, Lucienne, mais je ne puis devenir votre époux. Je suis officier au service de la République; je prétends demeurer tel !

Le rouge monta aux joues de Lucienne; elle était loin de s'attendre à cette réponse, et son premier mouvement fut tout entier au dépit.

Lucien arpentait la salle avec des mouvements mécaniques.

Au bout d'un instant, le calme revint à la jeune fille, qui s'assit en silence.

Jadis, Lucienne avait aimé son cousin; longtemps après son départ elle avait gardé cet amour; mais, depuis une année, la cour assidue de Georges avait fini par faire impression sur son cœur.

Néanmoins, l'image de l'absent y conservait toujours une place.

Lucienne le revit; rendue d'abord à son ancienne tendresse, elle fit bientôt des réflexions; sa démarche auprès de Lucien, méditée avec enthousiasme dans la première joie du retour, fut accomplie comme un devoir, presque comme un sacrifice.

Décidément, Georges l'emportait; il était l'homme d'honneur et de générosité humaine; Lucienne le comprenait, lui; tandis qu'elle considéra avec effroi, mais aussi avec admiration, l'officier dont elle sentait vaguement l'héroïque mobile.

Bonne et sensible, douée d'une âme aimante, elle n'était pas néanmoins à la hauteur de ce sublime esprit de contradiction qui regardait devant soi avec une scrupuleuse défiance, prêt en quelque sorte à se détourner de sa route, quand le bonheur se montrait au bout du chemin. Ce désintéressement illimité ne lui paraissait point d'ailleurs compatible avec l'attachement profond qu'elle avait rêvé chez son cousin.

Une femme peut-elle balancer entre deux hommes dont l'un est et se dit capable de tout pour l'obtenir, tandis que l'autre préfère par deux fois un devoir — ce que le code draconien de sa conscience lui montre comme un devoir — à la possession de la femme aimée ? Pour cette femme, cette obstination dans ce dévouement n'implique-t-elle pas que l'amour est un sentiment tout à fait secondaire ? Pour le monde, cette obstination et ces résultats peuvent-ils être regardés autrement que comme une magnifique et inconcevable folie ?

La jeune fille ne jugeait pas tout à fait comme le monde, mais son jugement droit lui disait qu'à part le malheur attaché à un semblable caractère, l'homme qui le possédait ne restait point exempt de blâme.

Lorsque Lucien s'arrêta enfin devant elle, Lucienne lui donna encore la main et dit avec une rougeur mêlée de quelque pitié :

— Mon cousin, je ne vous en veux point, que Dieu vous pardonne seulement de rester sous un drapeau déshonoré par tant de crimes, avec des chefs que vous méprisez, pour combattre votre prince légitime et des hommes que vous ne pouvez vous empêcher de plaindre et d'honorer.

— Dieu me juge ! répondit le jeune officier en mettant la main sur son cœur.

Puis il ajouta en changeant de ton tout à coup :

— Je n'étais point venu vous parler d'amour, Lucienne, encore moins de politique ; M. de Bresnay veut partir demain pour l'Angleterre... ne niez pas, ce serait un outrage aussi peu mérité qu'inutile... loin d'y mettre obstacle, je l'aiderai.

Je ne demande point pour cela sa reconnaissance, ni la vôtre; en ceci, comme en tout, je fais ce que je crois devoir faire.

Dites à M. le comte qu'il retarde d'un jour son départ ; surtout, qu'il fasse disparaître avant la nuit tous ces préparatifs.

Après-demain, mes soldats et moi reprendrons la route de Guérande... Adieu, Lucienne...

Il se retira à pas lents; sa démarche et l'expression désolée de sa physionomie disaient assez combien était pénible le combat qu'il venait de se livrer. Une larme vint aux yeux de la jeune fille.

— Pauvre fou de vertu ! dit-elle; cœur d'or égaré

dans la fange, qui profitera de ton déplorable martyre?

L'idée de Georges, l'homme pur aussi, l'homme dévoué dont le dévouement avait son explication et son but dans la vérité, se présenta; elle sortit à son tour en frissonnant, comme on fait après un grand danger évité.

Désormais elle était bien à Georges.

A peine la porte du salon se fut-elle refermée que le rideau se souleva.

Berthot sortit avec précaution de sa cachette, son regard fit le tour de la chambre, puis il se prit à hausser les épaules.

— Niais, plutôt que fou! murmura-t-il. Maintenant que je puis le perdre, la pitié me prend. Cet homme n'est bon à rien; la vengeance même, avec lui, sera sans joie!

Et il éclata de rire pour forcer la gaîté à venir à son aide.

Mais son rire intempestif sonna si faux dans le grand salon désert qu'il se prit à frissonner parce que les sombres desseins qu'il avait en tête étaient lourds à porter.

IV

Cœur de brave

Ceci se passait à une heure de la nuit déjà fort avancée.

Le brave chevalier de Bresnay s'était retiré depuis longtemps dans sa chambre; mais la frayeur l'empêchait de fermer l'œil.

Cet officier républicain, quelques soldats qu'il avait aperçus dans les corridors, surtout, cette figure qui avait paru un moment sur le seuil du salon, tenaient son pauvre esprit dans un état d'épouvante voisin de la fièvre.

Il se tournait, se retournait, s'effrayant au bruit de sa propre respiration. Quand sonnait la pendule, quand la boiserie craquait, quand le vent gémissait dans les fentes de la porte, le malheureux chevalier donnait son âme à Dieu, s'enfonçait sous ses couvertures ou se dressait convulsivement sur son séant. Son œil grand ouvert essayait de percer les ténèbres et voyait une foule d'ombres bizarres qui, toutes, avaient des cheveux tressés sous d'immenses tricornes et des pistolets d'une épouvantable longueur.

Un bruit se fit à sa porte; il écouta d'abord haletant, espérant s'être trompé; mais trois coups, frappés distinctement sur le bois, ne lui permirent pas de conserver l'ombre d'un doute.

— Qui est là ? demanda-t-il d'une voix mourante.

— Ami ! répondit-on, je te conseille d'ouvrir, sinon, j'enfoncerai la porte.

Le chevalier se traîna jusqu'au seuil et tourna la clef.

Berthot entra.

— Citoyen, dit-il, je suis fâché de te déranger. Allume de la lumière.

Le chevalier obéit.

Berthot approcha la chandelle et considéra attentivement le visage de son hôte, dont la pâle figure était totalement bouleversée.

— Eh bien ! citoyen, dit-il, tu as ce qu'on peut appeler une honnête physionomie. Touche là.

Le chevalier obéit encore. En outre, il essaya de sourire, pour répondre à la politesse du nouvel arrivant qu'il ne reconnaissait que trop pour cet homme terrible qu'il avait entrevu dans la soirée.

Ses efforts aboutirent à une grimace suffisamment piteuse.

Berthot cependant le fit recoucher et s'assit auprès de son lit.

— Citoyen, reprit-il en prenant sur la table de nuit la tabatière du chevalier, décidément, ta figure me revient. Je gage que tu n'es point un de ses farouches brigands qui désolent les campagnes.

— Ah ! fi donc ! s'écria involontairement M. de Bresnay.

— Je m'y connais : tu dois être un brave et digne républicain.

Afin de cacher sa détresse, le chevalier tenta pour la seconde fois de sourire, mais sans plus de réussite que la première.

— Sans doute, dit-il.

— Tu restes avec tes parents, reprit Berthot, parce qu'il faut hurler avec les loups, n'est-ce pas ?

— Positivement.

— Je m'y connais... Et je gagerais même que c'est toi qui leur as donné l'idée de ce voyage d'Angleterre.

— Moi, émigrer !... s'écria vivement le chevalier, du tout !

— Je croyais. Tu aurais pu te dire : ces gens méditent la perte de la République ; je suis de leur sang, et comme j'ai pour eux quelque attachement, mieux vaut les éloigner que de les dénoncer... En vérité, citoyen, tu aurais pu te dire cela ; c'est mon avis.

— Hé ! hé ! fit le chevalier ébranlé.

— Tu l'as fait, je m'y connais, et je t'en loue. Non pas pour ce vieillard et pour sa fille, mais pour cet autre, ton neveu, je crois... ce Georges de Bresnay. Celui-là est un ennemi dangereux ; au nom de la République, je te remercie d'avoir songé à l'éloigner... il part demain avec vous ?

Au travers de son épouvante, le chevalier entrevoyait vaguement un piège.

— Je ne sais, dit-il.

— Ah ! tu ne sais ?... s'écria Berthot qui, se sentant deviné, caressa la crosse de ses pistolets ; me serais-je donc trompé sur ton compte?...

— Il ne part pas.

— A la bonne heure. Tu n'as pas pu le déterminer. Je ne t'en fais pas un crime ; on échoue quelquefois... mais il ne faut pas se décourager. Ce Georges ne doit pas être bien loin?...

A cette question si directe, le chevalier tressaillit de tous ses membres. Il se sentait trop faible pour résister à une nouvelle menace et il devinait pourtant le rôle abject que lui faisait jouer son interlocuteur. Il garda le silence.

Berthot était étendu dans un fauteuil, il jouait négligemment avec la tabatière du chevalier. Depuis le commencement de cette scène, il avait mesuré le moral de M. de Bresnay ; il ne se pressait pas, sûr d'arriver à son but.

— On dit que ce Georges est un rude gaillard ! reprit-il après un instant de silence. Je désirerais lui rendre service... Veux-tu m'aider?... Allons, citoyen, fais-moi donc l'amitié de me répondre, et de ne pas trembler comme si tu avais la fièvre... Veux-tu m'aider?

Le malheureux chevalier faisait en ce moment le plus grand acte de vaillance qu'il eût accompli de sa vie ; il se taisait héroïquement ; mais cela ne pouvait durer.

Quand il vit Berthot froncer le sourcil et relever de nouveau le revers de sa veste, il se sentit mourir et baissa la tête.

— Tuez-moi tout de suite, par pitié ! murmura-t-il.

— Il y a du bon chez ce pauvre diable ! grommela en ricanant le citoyen Berthot. Allons ! citoyen, continua-t-il, calme-toi..... faut-il donc te prier, pour que tu te mettes de moitié dans une bonne action ?

— Silence, monsieur ! s'écria le chevalier en se dressant sur son séant; ne raillez pas, car il y a en moi l'âme d'un Bresnay; une âme qui se révolte à la pensée d'une trahison. Je ne suis pas un lâche..... non ! Par le nom de Dieu, je ne suis pas un lâche..... tenez.

Il se précipita hors de son lit sur le pistolet de Berthot. Il le porta vivement à son front, mais ses doigts se détendirent; l'arme tomba.

Le chevalier poussa un cri d'angoisse et se laissa glisser à genoux.

— Oh ! tuez-moi donc ! dit-il; moi, je ne peux pas !

L'agent de Carrier suivait d'un regard tranquille les mouvements du chevalier.

Il s'était tenu prêt à retenir la main. Il avait eu un soubresaut lorsque l'arme s'était échappée des doigts tremblants de M. de Bresnay; maintenant il le regardait curieusement.

— Allez donc prêcher l'immortalité de l'âme, murmura-t-il, le malheureux a le cœur d'un homme et les nerfs d'une vieille femme !

Où est Georges en ce moment ? ajouta-t-il brusquement d'un ton rude.

Le chevalier mit ses deux mains sur sa bouche, comme s'il eût voulu se forcer à se taire. Berthot les arracha brutalement, et ces mots parvinrent à son oreille :

— A la ferme de Nancée, au bout de l'avenue.

Un à un ces mots s'échappaient invinciblement, malgré l'effort désespéré qui cherchait à les retenir.

Berthot sortit ; le chevalier se laissa aller à la renverse et perdit connaissance.

A la même heure, dans la salle basse de la ferme de Nancé, grand bâtiment demi-ruiné, assis sur le bord même de la mer, deux hommes se tenaient étroitement embrassés ; c'étaient Lucien et Georges de Bresnay.

Il semblait que l'âme austère du jeune républicain se livrât plus complètement aux joies de l'amitié qu'à celles de l'amour.

Il retrouvait près de son compagnon d'enfance ces élans d'autrefois, ces besoins d'épanchements, dont il avait perdu le souvenir depuis si longtemps ; il était heureux.

— Georges, disait-il, que ne suis-je resté comme toi dans la demeure de mes pères ! J'aurais gardé mon ignorance ; mon dévouement eût été le tien... et qu'il est beau, ton dévouement, mon frère ! que je voudrais mourir en criant, moi aussi : Dieu et le roy !

— Tu le voudrais, s'écria Georges avec surprise ; qui t'en empêche ?

— Mon passé ; je suis républicain ; ma foi, je crois à la loi d'égalité !

— Et pourtant...

— Et pourtant je t'envie et je t'admire. Ton rôle est

beau, Georges, le trône est renversé, le Christ méconnu ; tu combats pour Dieu et le trône ! mon rôle à moi...

Il s'arrêta, puis son visage s'illumina d'enthousiasme tout à coup.

— Ecoute, reprit-il avec orgueil, il est plus beau encore, car il n'a point de récompense possible ! Tu peux vaincre, toi, et alors tu auras la gloire ; ton principe triomphera ; vaincu, il te restera le martyre !

Moi, je n'attends rien, rien entends-tu...

Oh ! je ne veux rien, ni martyre, ni gloire ; je me reproche jusqu'à la joie que je trouve dans les sentiments de ma complète abnégation !

Vainqueur, je vois mon étendard souillé, ma sainte croyance méconnue !

Vaincu, je disparaîtrai comme ces vils instruments qui se brisent dans les mains du meurtrier accomplissant son crime...

Je suis cela... voilà mon mobile et ma consolation.

— Je ne te comprends pas, dit Georges étourdiment.

La rougeur fugitive qui avait coloré un instant la joue du jeune républicain disparut comme par magie ; il laissa retomber sa tête pâle et dit d'une voix brisée ce que naguère il avait dit à Lucienne :

— Dieu me juge !

Georges lui prit la main et voulut continuer l'entretien, mais Lucien l'interrompit. Reprenant sa froideur habituelle, il lui raconta sa conversation récente avec Lucienne ; il n'omit rien, pas même son amour pour sa cousine et la renonciation complète à laquelle il se condamnait.

Georges essaya quelques objections, Lucien demeura inébranlable.

— J'étais un obstacle à votre bonheur, dit-il ; cette fois, j'ai tué moi-même mon espoir et le sien..... tu la rendras heureuse.

Ensuite, il fut parlé du projet de fuite.

La bande de Georges avait été complètement dispersée, il restait seul et sentait le besoin de passer en Angleterre.

Néanmoins, il se reprochait d'abandonner vivant et sans blessure le champ de bataille. Lucien le prêchait, et c'était merveille de voir cet homme, pour qui tout intérêt personnel, si déguisé qu'il fût, était un repoussoir, entrer à pleines voiles dans le courant des idées reçues et faire valoir près de son ami des arguments qu'il n'eût point lui-même écoutés jusqu'au bout sans manifester son dédain.

Georges céda.

Ils concertaient ensemble les mesures à prendre pour éviter le danger. Lucien mettait en garde son cousin contre les embûches que pourraient lui tendre l'agent conventionnel Berthot et ses sbires, lorsqu'un bruit de pas se fit entendre au dehors.

La porte, brisée d'un violent coup de pied, tomba à l'intérieur et laissa voir une troupe d'hommes armés. D'un coup d'œil, Lucien avait reconnu Berthot ; il tira son épée et se précipita pour lui barrer le passage.

Pendant ce temps, Georges ouvrait la fenêtre et sautait sur l'appui.

Mais la route était aussi fermée de ce côté, il n'eut que le temps de se cramponner à la saillie pour ne point tomber sur les baïonnettes qui se croisaient au-dessous de lui.

Il rentra dans la chambre et se tint debout, immobile, l'épée au fourreau.

C'était un beau et robuste jeune homme ; bien qu'il ne parût point vouloir faire usage de ses armes, les républicains hésitaient entre eux, tant sa pose était menaçante.

— Arrière, citoyens ! s'écria le jeune capitaine, cet homme est mon prisonnier, retirez-vous.

— Merci, frère, murmura Georges ; puis, il ajouta : — Peu m'importe de rendre mon épée à vous ou à ces hommes.... Qui veut la recevoir ?

Lucien et Berthot s'avancèrent en même temps, mais Georges fit à dessein un mouvement qui donna gain de cause à l'agent de Carrier.

En ôtant à son cousin tout motif plausible de le réclamer, Georges espérait éloigner les soupçons. Sa générosité resta sans résultat, car Berthot savait dès longtemps à quoi s'en tenir.

En quittant le chevalier, l'agent de Carrier avait pris ses mesures pour que toute la famille de Bresnay fût rigoureusement gardée, et, prenant seulement avec lui ses volontaires, il était accouru pour surprendre Georges. Il ne s'attendait point à trouver là le jeune capitaine; néanmoins, sa présence ne l'étonna pas et il ne put à son aspect dissimuler un mouvement de satisfaction.

— Nous faisons, je le vois, assaut de zèle pour le service de la Convention, citoyen Robert, dit-il, le hasard m'a favorisé, pendant que vous ne faisiez ici qu'un prisonnier, moi, je capturais là-bas toute la famille.

— Quoi !...

— Emmenez ce rebelle, citoyens, dit Berthot en s'adressant à ses suppôts, le citoyen capitaine désire m'entretenir en particulier.

Georges et Robert échangèrent un regard; l'œil du chouan était indifférent et intrépide, comme toujours; celui de l'officier républicain exprimait un abattement profond sous lequel perçait un reste d'espoir.

Dès que les volontaires se furent retirés, Robert s'avança vivement vers Berthot.

— Pourquoi avoir devancé mes ordres? demanda-t-il?

— Parce que vous n'en eussiez point donné, citoyen, répondit tranquillement Berthot.

— Qu'est-ce à dire ?

— J'approuve votre conduite, citoyen, deux oncles, une cousine, une charmante petite cousine et un cousin, on ne voit pas guillotiner cela de sang-froid.

Robert se sentit frémir de la tête aux pieds, il se souvint (il le croyait toujours) qu'on lui avait fait servir d'instrument au déshonneur de cet homme; il devina que cet homme allait se venger.

— Vous avez mon secret, dit-il, que prétendez-vous faire ?

— Je n'en sais ma foi rien, capitaine, je pense que je vais conduire à Nantes toute la famille et la remettre en depôt au citoyen Carrier.

— Vous ne ferez pas cela ! s'écria Robert d'une voix suppliante.

— Sur ma parole, je crois que si !

Robert réfléchit une seconde, puis il tira son épée.

— Auparavant, dit-il, j'aurai votre vie où vous prendrez la mienne.

— Ni l'un, ni l'autre, s'il vous plaît, citoyen, je suis maître en fait d'armes et ne veux pas vous tuer.

Robert s'était élancé, la colère commençait à le dominer. Berthot parait les coups en se jouant et continuait imperturbablement son discours.

— Je ne veux pas vous tuer, citoyen, et j'ai une raison pour cela. Carrier, mon bien-aimé maître, me châtierait, et, s'il plaît à l'Etre Suprême, ce sera moi qui châtierai le citoyen représentant.... ma femme....

— Et que vient faire ici votre femme ? s'écria impétueusement le jeune capitaine.

— Ma femme n'est pas morte !... Je vous engage, citoyen, à modérer votre jeu ; j'ai toutes les peines du monde à vous empêcher de vous enferrer... Or, disais-je, ma femme n'est point morte ; vous pourriez recommencer...

— Recommencer ! répéta Robert avec un dédain qui frisait le dégoût.

— Je l'aime bien, moi qui fus déshonoré par elle ! dit Berthot.

Ce misérable était sensible en un point ; il prononça

ces mots d'une voix triste encore plus que menaçante ; Robert baissa son épée.

— Berthot, fit-il, je vous plains, mais votre vengeance est insensée.

— Capitaine, interrompit l'agent avec une emphase railleuse, vous êtes généreux et je vous remercie, mais je vous plains aussi, nous sommes quittes. Maintenant, je reprendrai, s'il vous plaît, le chemin du château.

— Pas avant de m'avoir juré sur votre tête qu'aucun membre de la famille de Bresnay ne sera conduit à Nantes, s'écria Robert en barrant la porte.

— Restons donc alors, reprit Berthot ; aussi bien, on n'a pas besoin de moi là-bas ; mes hommes sont en route déjà, je suppose.

— Pour Nantes ? demanda Robert en jetant son épée ; oh ! par pitié, Berthot, sauvez-les !

Celui-ci se prit à siffler la *Marseillaise* et regarda tranquillement le capitaine qui se traînait à ses pieds et embrassait ses genoux.

— Si j'étais comme vous le supposez, un de ces niais qui savourent la vengeance, dit-il, je m'en donnerais à cœur joie en ce moment, n'est-il pas vrai, citoyen Robert ?... mais il me faut autre chose, et je veux bien faire un pacte avec vous.

Le capitaine se releva vivement.

— Vous faut-il ma vie ? fit-il.

— Je l'ai épargnée deux fois tout à l'heure, et pourtant, c'est elle en effet qu'il me faut. Vous étiez vingt à table, ce jour que vous savez..... à moins que je ne crève avant l'âge, vous mourrez tous par mon fait. Tant qu'un seul de vous existera, il y aura un abîme entre moi et ma femme, et j'aime ma femme, je l'aime plus que je ne puis le dire, citoyen Robert !

..... Prenez patience, nous arriverons à temps.....

Comme je vous le disais, j'ai vingt coups à frapper ; ce sera pour moi un crève-cœur..... Vous et Carrier d'abord ; vous avant Carrier, parce que votre vertueuse folie doit plaire à ses ennemis, parce que sa mort vous ferait peut-être trop puissant pour que mon bras puisse vous atteindre...

Le jeune capitaine fit un mouvement.

— Laissez, j'achève..... continua froidement Berthot.

Mais si je vous tuais de ma main, Carrier vous vengerait ; il l'a promis, et il tient toujours ses promesses quand elles amènent du sang ; donc il faut que vous mouriez soit par vos mains.....

— Un suicide ? interrompit Robert.

— Ce serait un moyen..... soit par les coups de la loi !

Il y eut un instant de silence, pendant lequel Berthot s'avança vers la fenêtre ; le jour venait ; la ferme était située en face de l'ouverture de l'anse ; on voyait au loin blanchir les vagues aux premiers reflets de l'aube.

— J'ai compris, dit Robert.

— Le décret de la Convention punit de mort immédiate.....

— J'ai compris, vous dis-je.

Berthot étendit la main dans la direction du large ;

un point noir à peine distinct tranchait sur le miroitant azur de la mer.

Robert joignit les mains.

— A ce prix ils sont sauvés? demanda-t-il avec une joie qu'il avait peine à contenir.

— Sur ma parole! s'écria Berthot, si je ne vous connaissais pas, citoyen capitaine, je croirais que vous ne savez pas ce dont il s'agit!..... A ce prix, ils sont sauvés. Donnez-moi seulement votre parole de ne point les suivre.

— Je vous la donne.

— Bien! à bientôt donc, et à cette place, s'il vous plaît, l'endroit est bon!

V

Mort de héros

Il était midi; le point noir aperçu le matin par Robert et Berthot avait pris une forme en approchant.

C'était un fin clipper-ship anglais, penché sous sa haute voilure latine que le soleil frappait à revers et serrant le vent, pour ranger la pointe nord de l'anse. Après quelques bordées, il jeta l'ancre à trois ou quatre encablures du rivage, en face de la ferme de Nancé. Depuis le matin, un drapeau tricolore flottait sur la toiture ruinée du vieux bâtiment.

C'était un signal; le clipper mit une embarcation à la mer.

La salle basse de la ferme était pleine de malles et de bagages; on eût pu reconnaître là tous les objets qui encombraient, la veille, le salon du château de Karhouet.

Près de la fenêtre, le comte était assis avec sa fille, il suivait d'un œil calme les mouvements du navire anglais.

Derrière lui, le chevalier de Bresnay, dans un état d'agitation impossible à décrire, regardait tantôt la mer, tantôt la campagne, tantôt le citoyen Robert qui se tenait avec Georges dans le coin le plus obscur de la salle.

Chacun de ces objets était pour lui un motif d'épouvante.

L'Océan, auquel il n'avait jamais osé confier sa précieuse personne, lui offrait d'incroyables dangers ; la tempête de Crébillon lui revenait en mémoire ; Charybde et Scylla lui donnaient la chair de poule.

La campagne présentait un sujet de crainte bien autrement sérieux ; les républicains étaient encore au château et aux alentours ; la fuite de toute une famille ne peut demeurer longtemps cachée ; à chaque instant, le chevalier s'attendait à voir l'avenue vomir une escouade de *bleus* irrités.

Quant au citoyen Robert, c'était autre chose, il ne savait trop s'il devait le craindre où le bénir ; il se souvenait vaguement d'avoir vu autrefois sa figure ; mais le trouble où il était depuis la veille ne lui laissait pas le loisir d'interroger sa mémoire.

— Ne crains rien pour moi, disait Robert à Georges, le citoyen Berthot s'est laissé persuader ; nous sommes d'accord.

— Bon frère ! quand te reverrons-nous ? demanda Georges, en le pressant dans ses bras.

Robert sourit et ne répondit point.

— Ne veux-tu pas au moins, reprit Georges, au moment d'une séparation qui peut être longue, ne veux-tu pas faire la paix avec notre oncle ? il t'aime toujours, et pour prix de ton généreux secours...

— Un prix ! interrompit Robert avec amertume, toujours ce mot !... Non, Georges ; qu'il ignore toujours la main qui l'a sauvé.

L'embarcation touchait la grève, le comte s'avança vers Robert et lui présenta la main :

— Monsieur, dit-il, je vous remercie.

Georges adressa à son cousin un regard suppliant, il allait parler, lorsque Robert s'inclinant profondément, s'écria :

— Citoyen ! ne perdez pas de temps en paroles inutiles.

Le comte passa le seuil, suivi du chevalier et des domestiques qui portaient les bagages. Robert resta seul avec Lucienne et Georges ; il leur tendit une main à chacun :

— Pensez à moi quelquefois, dit-il... adieu, Lucienne !

La jeune fille tendit sa joue, Robert y déposa un baiser ; son visage était serein, presque joyeux. Quand Lucienne fut partie à son tour, les deux cousins se prirent le bras et se dirigèrent les derniers vers le rivage.

— Vous serez heureux, car elle t'aimera, disait Robert.

Oh ! frère ! ce jour est pour nous tous l'aurore du bonheur...

Ecoute, jusqu'ici ma vie n'a été qu'un long et inutile combat. Je souffrais, j'hésitais entre deux voies. D'un côté, une cause sainte mais souillée, soutenue par de hideux scélérats, ou par de pauvres fous comme moi, frère... de l'autre, un principe honnête, mais despote, défendu par d'héroïques aveugles.

Si je n'eusse point été noble, peut-être me serais-je

décidé pour la cause de la noblesse ; je l'étais, j'ai combattu pour la roture... mais j'ai combattu à contre-cœur...

Maintenant, toute hésitation est finie...

— Quoi ! interrompit Georges avec joie, tu songerais ?...

— Pour la dernière fois, aujourd'hui, je porte l'uniforme républicain.

— Alors, tu vas nous suivre ?

Robert ne répondit point; à mesure que l'heure de la séparation approchait, son œil rayonnait davantage.

— Crois-moi, frère, dit-il avec enthousiasme, entre la République telle qu'ils l'ont faite et la Royauté quelle qu'elle soit, heureux qui peut passer sans donner à l'une où à l'autre son bras et son cœur

— Quand tous combattent, s'écria Georges, rester neutre est une lâcheté !

— Je l'ai cru, murmura le jeune républicain ; puis il ajouta : heureux donc qui peut se repentir sans lâcheté.

Déjà le comte, Lucienne et le chevalier étaient installés dans l'embarcation et trépignaient d'impatience. Les matelots anglais pressaient aussi l'embarquement.

Georges voulut tenter un dernier effort.

— Viens, dit-il, ou je reste avec toi.

— Point de partage ! s'écria Robert avec une exaltation extraordinaire ; à chacun son bonheur !

Saisissant son frère à bras le corps, il entra dans

l'eau jusqu'à la ceinture, puis déposant son fardeau dans la barque, il la poussa avec toute sa vigueur.

Les Anglais appuyèrent en même temps sur leurs avirons.

Robert regagna la plage à pas lents et demeura le visage tourné vers la mer, plongé, en apparence, dans une profonde méditation.

A ce moment, d'un bouquet d'arbres auquel la ferme était adossée, sortirent dix hommes, le fusil sur l'épaule ; Berthot était à leur tête, Georges et Lucienne poussèrent un cri, Robert ne se détourna pas.

— A la grève ! dit Georges, au nom du ciel, virons de bord !

— Souquez ! ordonna de son côté le patron du canot.

Les matelots redoublèrent d'efforts, la chaloupe s'éloigna rapidement ; néanmoins, arrivée au milieu de l'anse, elle demeura stationnaire quelques minutes, repoussée par le flux qui commençait.

C'était plus de temps qu'il n'en fallait pour que le drame qui se passait à terre arrivât à son dénouement.

Berthot s'était approché et avait touché l'épaule du capitaine ; celui-ci s'était retourné lentement.

Berthot tira un papier de son sein ; le capitaine se découvrit.

Lecture faite du décret de la Convention qui condamnait à une mort immédiate tout citoyen militaire pris en flagrant délit de trahison, Berthot montra la barque et prononça quelques mots.

Robert fit de la tête un signe affirmatif.

Les dix volontaires s'éloignèrent ; le capitaine croisa

ses bras sur sa poitrine; il refusa de commander le feu. Ce fut le sergent des gens de Carrier qui prononça les paroles fatales.

L'explosion retentit.

Robert, la main sur son cœur, resta debout une seconde, puis il tomba la face contre terre en disant d'une voix forte encore :

— Dieu me juge !...

Ce n'était plus qu'un cadavre.

Sur la barque, Lucienne et Georges entendirent seuls ces mots; ils tombèrent à genoux et pleurèrent. Le comte, surpris de cette douleur profonde, en demanda la cause...

— Ne vaut-il pas mieux que ce soit ce soldat de la République que nous ? ajouta le chevalier.

— Monsieur, dit Georges avec désespoir, ce soldat de la République avait nom Lucien de Bresnay.

A ce nom, le comte se leva brusquement; une émotion douloureuse se peignit un instant sur ses traits; mais il la réprima aussitôt.

— Le sang des Bresnay ne peut mentir ! dit-il avec orgueil.

— Jamais! appuya le chevalier oublieux de sa couardise de la veille; quant à mon neveu, si je l'eusse reconnu sous ce disgracieux uniforme, je veux en mourir !

Le canot commençait à vaincre le jusant, néanmoins les passagers purent voir les volontaires de Carrier creuser une fosse dans le sable et y jeter le corps du capitaine.

— A Carrier maintenant, se dit Berthot.

Il était écrit que la vengeance de cet homme serait complète ; quelques mois après il parcourait les rues de Nantes, escorté par la populace ameutée ; il portait au bout d'une pique la tête du terrible proconsul.

Georges et Lucienne se marièrent ; ils étaient bons ; le souvenir de Lucien resta au fond de leur cœur. Quand ils revinrent en France, vers le commencement de l'Empire, leur premier soin fut de se rendre à Karhouët afin de donner au malheureux capitaine républicain une sépulture chrétienne ; le chevalier seul les suivait ; le comte était mort en émigration.

Après bien des peines inutiles, ils durent renoncer à leur pieux dessein.

Le sable est comme la mer, il ne rend guère les dépôts qu'on lui confie.

Le dernier jour des fouilles, après que les ouvriers se furent retirés, ils s'agenouillèrent sur la grève et prièrent.

Le chevalier les imita, tout en suivant de l'œil un chien qui chassait aux alentours sur le rivage.

— C'était un noble cœur ! dit Georges.

— Un peu timbré, opina le chevalier.

Lucienne pleurait.

Le chevalier ajouta en ricanant, comme on fait pour accompagner un bon mot :

— On dit qu'en 89 il alla jusqu'à se faire soldat pour n'être plus capitaine..., n'était-il pas amoureux de vous, Lucienne ?

Georges et sa femme s'éloignèrent, indignés de cette légèreté dénaturée.

Tout le long de la route, ils marchèrent en silence ; sur le seuil du château, Lucienne, essuyant une dernière larme, murmura :

— Georges, nous seuls étions faits pour le comprendre.

— Hélas ! soupira Georges, que n'est-il près de nous !

— Peut-être eussions-nous réussi à le rendre heureux.

— Peut-être..., c'était un cœur d'élite, mais...

— Oh ! c'était une âme sublime, mais...

— ... une tête à l'envers, dit l'impitoyable chevalier, qui arrivait en ce moment.

Georges et Lucienne se regardèrent ; le chevalier comprenait aussi ce pauvre Lucien de Bresnay, le républicain gentilhomme.

FIN

L'INVENTEUR DE LA POUDRE

(Mario MONTFALCONE)

I

La science noire

De grandes flammes violettes et verdâtres montèrent, cette nuit-là, au-dessus des créneaux de la *Tour de Satan* et léchèrent ses meurtrières.

La tour de Satan, comme la nommaient, dans leur terreur, les habitants de la petite ville de Spolète, était dépendante du château du vieux duc de Spinelli, seigneur de toute la contrée.

A cette époque, 1343, les astronomes qui cherchaient à contempler les astres dans des télescopes, ou faisaient rougir des creusets en cherchant, de la meilleure foi du monde, à découvrir des secrets utiles à l'humanité, inspiraient une insurmontable épouvante aux vilains aussi bien qu'aux nobles, et, s'ils évitaient parfois le bûcher, ce n'était pas par faute d'être traités de sorciers.

Parmi les personnes reconnues comme telles, il y avait parfois de très braves gens dont la vie s'employait à trouver des recettes pharmaceutiques, ou à composer, commme les Ninon de Lenclos et les Pivert du xiv⁰ siècle, des eaux pour l'élégance du visage, la teinture des cheveux ou la résistance du cuir chevelu.

Ceux-là exerçaient un pauvre métier, car de savant à sorcier, il y avait tout juste l'épaisseur d'un fagot, et les risques à courir étaient peu en rapport avec les bénéfices.

Cependant, tous ne s'amusaient pas à ces bagatelles de la porte.

Les maîtres de l'art, eux, cherchaient la pierre philosophale et rien que la pierre philosophale; c'est-à-dire, le grand élixir qui devait permettre de faire du diamant avec du verre, de l'or pur avec du cuivre, et enfin de prolonger la vie humaine jusqu'à l'extinction des siècles.

Ce n'était pas une mince opération, comme on le voit.

Aussi, ceux-là soufflaient-ils, leur vie durant, les fourneaux, rencontrant sur leur route, et sans les chercher, de nouveaux métaux, des acides ou des gaz dont ils dotaient la médecine ou la science; puis, ils mouraient pauvres à faire frémir et desséchés comme des momies, mais pleins d'espoir que des successeurs plus heureux mèneraient *le grand œuvre* à bonne fin.

C'est ainsi qu'un siècle plus tard, les fanatiques de la *science noire* crurent que le bon curé Nicolas Flamel avait trouvé la pierre philosophale, parce qu'il s'était amassé de grandes richesses; richesses dont il fit d'ailleurs le plus noble usage.

Ainsi était Mario Montfalcone, de l'ordre des Franciscains (1).

Mario Montfalcone était un grand savant et un profond érudit dans toute l'acception de ces mots. Les livres n'avaient plus de secrets pour lui ; restait la matière.

Entre temps, Mario Montfalcone cherchait la pierre philosophale, non pour lui-même, mais pour le compte de son protecteur, le duc Spinelli, qui lui avait octroyé le droit d'établir un laboratoire dans la plus délabrée des tours de son joli château de Spolète et avait pris sous sa responsabilité personnelle la garantie de sa sécurité pour l'exécution de son œuvre.

---

(1) Toutes les vieilles chroniques, telles que les grandes chroniques de M. P. Paris, celles du docteur Lingard, de Froissard et de Ducange, disent quelques mots de cette étrange histoire, que nous allons essayer de rapporter. Seulement, aucun de ses historiens n'est d'accord sur la date et sur le lieu, pas plus que sur l'identité même du héros. Ainsi les uns le font travailler en Allemagne et lui donnent le nom de Berthold Schwartz, tandis que d'autres affirment que sa patrie était l'Espagne et qu'il fut célèbre à Burgos. D'après le premier, il était dominicain ; d'après le second, cordelier. Par une bizarrerie notable, ces divers historiens se rencontrent pourtant sur un point : qu'il se nomme comme ci ou comme ça, tous, unanimes cette fois, le font mourir à la bataille de Crécy.

Parmi un tas de versions contradictoires, nous avons cherché celle qui paraissait la plus authentique et nous pouvons affirmer que le premier homme qui découvrit la poudre était un frère de l'ordre des Franciscains, nommé Mario Montfalcone, et qu'il fit sa grande découverte à Spolète, au château des Spinelli.

C'était un bel homme que Mario Montfalcone; il n'avait pas encore quarante ans et était dans toute sa force. Sa barbe brune qu'il portait en entier le vieillissait un peu, mais ce qu'il y avait de particulier dans sa figure c'était un cercle bleuâtre dont ses yeux étaient cernés, sans doute par les veilles; ce cercle donnait à ses prunelles sombres un si pénétrant et si vif éclat que nul ne pouvait fixer sur elles ses regards.

De son visage on ne voyait guère que ses yeux et sa barbe taillée en pointe, à la mode des chevaliers, ce qui lui donnait une expression énergique et fière. Le reste de sa tête, complètement rasée, disparaissait sous un capuchon gris, masquant les tempes et le front, large et intelligent.

En somme, avec une carrure semblable à la sienne, et à une époque où tout le monde était un peu soldat, il eût tout aussi bien pu endosser l'armure que le froc.

Depuis sa plus tendre enfance, il avait eu un culte très prononcé pour les hautes études. Il était bon chrétien et aimait Dieu par dessus tout; mais s'il s'était mis dans les ordres, nous devons l'avouer, c'était dans l'espoir qu'on l'autoriserait à continuer ses recherches.

Par dispense spéciale du supérieur des Franciscains de Spolète, Mario Montfalcone travaillait jour et nuit au grand œuvre, ne faisant que de rares apparitions au couvent de son ordre et demeurant des semaines et des mois enfermé dans son laboratoire.

Tous les trois jours, un novice du couvent lui apporlait ses *frugales* provisions de bouche, et, plusieurs fois déjà, le jeune frère, les trois jours écoulés, avait retrouvé les provisions intactes, Mario ayant oublié d'y toucher.

La tour que le savant franciscain occupait au château de Spolète regardait, d'un côté, la partie sud de la ville; de l'autre, la forêt s'étageant en gradins sur les flancs de l'Apennin. La nuit, de la montagne, on pouvait aisément distinguer les flammes qui s'échappaient de sa haute cheminée de briques, à moitié cachée par les créneaux.

Cette tour, qui était lourde, enflée et basse, ne recevait le jour que par deux larges meurtrières carrées, l'une servant de porte au rez-de-chaussée, l'autre tenant lieu de fenêtre au premier et unique étage.

La salle du bas ne contenait que différents objets pouvant servir aux manipulations alchimiques, des simples, des métaux, des silex.

A terre et au plafond se voyaient de nombreux animaux empaillés, et, sur des planches servant d'étagères, se rangeaient d'immenses bocaux contenant des serpents, des araignées, des scorpions ou des lézards conservés dans l'alcool.

Les étrangers pouvaient pénétrer dans cette première pièce qui ne recélait rien de bien secret, mais il n'en était pas de même de la seconde, le laboratoire.

Pour cette dernière, par exemple, nul n'était admis à y entrer, Mario Montfalcone ne voulant pas laisser surprendre par qui que ce soit le secret de ses expériences.

D'ailleurs, lorsque le duc Spinelli l'avait autorisé à s'installer là, il ne lui avait pas fait un bien riche cadeau et néanmoins le savant en avait été satisfait au plus haut point. En effet, l'escalier conduisant à l'étage supérieur de la tour délabrée étant aux trois quarts vermoulu, il l'avait fait tomber en poussière avec deux ou trois coups de hache, puis, ayant hissé un panneau à charnière sur le trou auquel communiquait la cage de l'escalier défunt, il y avait adapté une échelle de corde.

De cette façon, son secret ne courait aucun risque car, comme il ne quittait presque jamais la tour, lorsqu'il était en bas, capable de défendre l'entrée, le panneau restait ouvert et l'échelle pendante; mais lorsqu'il montait travailler, il tirait l'échelle à lui et refermait la trappe.

La pièce du premier étage, exactement de mêmes dimensions que celle du bas, était littéralement encombrée des instruments les plus bizarres, telles que sphères célestes, plantes desséchées, squelettes d'animaux, manuscrits grecs, latins, arabes, hébraïques, sanscrits, indous, chinois.

Dans un angle rentrant, sous le haut manteau d'une cheminée monumentale, s'abritaient les cornues ou cornemuses, les alambics et les fourneaux.

En face la meurtrière, appliquée contre la muraille, une grande armoire, vitrée à la façon des bibliothèques, contenait sur ses rayons la collection complète et rare des pierres reconnues comme possédant des vertus merveilleuses : la calcédoine irisée, l'aimant, l'onyx, l'ophtalnine, le diamant, le corail, le cristal, la topaze jaune, les vertes lazules, l'iris, le lipercole, les draconites, l'émeraude, la jacinthe, l'améthis, le saphis quirin, la chrysolithe, le béril, les célonites, les orites, l'isthmos, le rubis, la cornaline et enfin la chélidoine, la plante éclaire.

Devant cette armoire, une longue table de bois de fer, au tablier épais, supportait des matras remplis de toutes sortes de liquides, des quintessences, des acides, des esprits, dont se servait journellement le savant.

Le duc Spinelli, prince de Spolète, était peu superstitieux et pas tout à fait aussi arriéré que les gens de son époque; c'est pourquoi il s'intéressait aux expériences du franciscain Montfalcone, alors que tous les gens du pays le traitaient de sorcier et fuyaient son approche.

Le duc Spinelli aimait son alchimiste et lui accordait généralement toutes les grâces qu'il demandait. C'est pourquoi, le 1er janvier 1343, jour où commence notre récit, l'avait-il autorisé à réclamer le corps d'un supplicié pour en extraire le principe de mort qui, d'après ses derniers calculs, devait entrer dans la composition de l'œuvre.

II

Le réveil du mort

Pour la première fois, depuis bien des années, il gelait à pierre fendre sur toute l'étendue de la péninsule italienne, le givre couvrait les pignons pointus des toits de Spolète et un vent glacial tenait tous les habitants enfermés chez eux.

C'était un admirable temps, on en conviendra, pour travailler devant un fourneau.

Dans cette nuit-là *la tour de Satan* semblait être en plein sabbat. Des langues de feu s'échappant de la courte cheminée de briques paraissaient sortir d'entre les créneaux même, et l'on pouvait voir, sur le tapis d'hermine qui recouvrait la route, un grand carré sanglant qu'obscurcissait de temps à autre une ombre noire.

Ce carré sanglant était éclairé par la meurtrière, l'œil de la tour maudite, sur lequel un rideau écarlate retombait, et l'ombre noire c'était maître Montfalcone lui-même qui venait et allait dans son laboratoire.

Mario travaillait avec acharnement.

Il espérait vaincre l'inconnu cette nuit-là et comptait voir la science domptée lui donner le mot de l'énigme.

Un alambic de métal dont la tubulure disparaissait

dans un ballon de verre où brillait une liqueur jaune, était placé sur l'ardent brasier du fourneau dont il activait sans cesse la flamme en y jetant des poignées de nitre.

Et ce monstre grotesque, aux formes mal venues, faisait supposer, par ses ronflements sonores et continus, qu'il possédait une force vitale.

Des solives enfumées et poudreuses, supportant la terrasse crénelée à laquelle aucun escalier ne faisait communiquer, descendait une chaîne de fer retenant une lampe en cuivre rouge dont les trois becs allumés ne parvenaient pas à dissiper les ténèbres et qui montrait cependant, couché sur la grande table aux matras, le cadavre d'un homme robuste dont le corps était entièrement nu.

Quelques heures plus tôt, ce corps était plein de vie et appartenait à *El Demonio*, le plus redoutable bandit de l'Apennin, auquel la terreur publique avait donné ce surnom.

Roi de la nuit et maître des grands chemins, El Demonio avait, depuis près de dix ans, brûlé trois ou quatre villages, mis à rançon cinq ou six villes et menacé le duc Spinelli de venir lui enlever sa fille dans Spolète même.

Pris avant d'avoir pu accomplir cet audacieux coup de main, le bandit, dont les meurtres étaient si nombreux qu'il ne pouvait les compter lui-même, aurait été très certainement écharpé par la population si les gardes du duc Spinelli ne l'avaient protégé contre la fureur générale.

Jugé et condamné à la peine de mort dans la même journée, El Demonio, par une anomalie curieuse, avait été sur le point d'échapper à la sentence prononcée contre lui.

En effet, depuis plus d'un siècle, c'est-à-dire depuis que les Spinelli commandaient à Spolète, jamais cas de condamnation à mort ne s'était présenté. De père en fils, les Spinelli avaient été partisans de la répression par la douceur; aussi, non seulement la charge de bourreau n'existait pas, mais de plus l'on n'était pas d'accord sur le genre de mort auquel on devrait soumettre le condamné.

Serait-ce le fer, la corde, le feu ou l'eau?

Répugnant à faire souffrir un homme quelque grand crime qu'il eût sur la conscience, le duc Spinelli, à ce propos, avait consulté son savant alchimiste et, sur son conseil, s'était arrêté au supplice de la corde comme étant le plus expéditif et le moins pénible pour le principal intéressé.

De nouvelles et nombreuses difficultés avaient surgi lorsqu'il s'était agi de trouver un citoyen capable de remplir les fonctions pénibles d'exécuteur des hautes œuvres et voulant bien se prêter à ce genre d'industrie.

Plusieurs jours s'étaient passés sans amener un résultat favorable. Le duc Spinelli avait eu beau faire annoncer la chose à son de trompe et promettre une récompense, le métier de bourreau répugnait sans doute aux paisibles habitants de Spolète, car nul ne venait.

La veille enfin, un honnête citoyen auquel El Demonio avait autrefois brûlé la maison et fait promener la fille et la femme, sans aucun vêtement, dans les rues du village incendié, s'était présenté, et l'exécution avait eu lieu le soir même au coucher du soleil.

Seulement, grâce au peu d'habitude qu'ils en avaient tous deux, l'un d'être pendu et l'autre de pendre, le condamné s'était tordu et avait paru horriblement souffrir pendant un quart d'heure. Au bout de ce temps, le voyant plus calme et jugeant qu'il était définitivement passé de vie à trépas, l'exécuteur de bonne volonté avait détaché le corps d'El Demonio de la potence pour le porter chez Mario Montfalcone qui allait pouvoir s'en servir pour ses expériences, par permission expresse du vieux duc Spinelli.

C'était donc le corps d'El Demonio qui se trouvait sur la table du laboratoire.

Il était grand, robuste, et les traits de son visage, quoique dénaturés par la crispation musculaire, due à la strangulation, n'en gardaient pas moins un caractère d'indomptable énergie.

La farouche expression de ses yeux, distendus par la souffrance dernière, rappelait le regard un peu fou de Mario Montfalcone lorsqu'il était fatigué par plusieurs nuits de veille.

Et, de fait, il existait une très grande ressemblance entre ces deux hommes, dont l'un était livide et l'autre plein de vie. El Demonio, barbu, aurait très bien pu prendre la robe du franciscain; Mario Montfalcone, rasé, aurait fait croire que le bandit était encore de ce monde.

Dans l'alambic, plein d'eau bouillante, placé sur le brasier ardent du fourneau, flottait un matras de verre, duquel partait un tube de cuivre arrondi, dont l'autre extrémité allait se perdre sous les bandes de toile maculées de sang qui entouraient le cou tuméfié du cadavre.

Ce tube s'adaptait exactement à l'artère carotide droit du supplicié, que le scapel du savant avait ouvert, et le sang trouvant un tuyau d'écoulement, venait petit à petit remplir le globe de verre.

Devant un petit bureau chargé de livres et de manuscrits, Mario Montfalcone travaillait. Il n'avait pas à s'occuper de la transfusion du sang et de la distillation de l'alambic, car ces deux opérations marchaient également bien, mais le savant ne connaissait guère le repos et des armées de chiffres se livraient bataille en son cerveau, tandis que sa main fiévreuse traçait sur une bande de parchemin des caractères mystérieux.

Soudain,—et c'est à ce moment surtout que les paisibles habitants de Spolète auraient pu voir une grande ombre passer et repasser derrière *l'œil* rouge de la Tour de Satan,—soudain il se leva et se mit à parcourir la pièce avec une vive agitation.

— *Eureka !* s'écria-t-il. Ce qu'Archimède a découvert, un enfant l'eût fait sans tant de bruit ! Mais moi... moi, j'ai trouvé le grand secret pour lequel tant d'autres ont pâli et sont morts...

— Il est là ! ajouta-t-il en se frappant le front avec violence. Je puis l'en faire sortir à l'heure où je voudrai.... Mais quel est le métal assez résistant pour pouvoir conserver cette *foudre* liquéfiée que je veux attacher... car c'est bien la *foudre* que de cinq centupler la force des matières employées par la calcination, la fusion, la distillation... une cornue de bronze, oui... je ferai fondre une cornue de bronze tout exprès et si elle n'éclate pas par l'effroyable force qui y sera concentrée, alors... oh ! alors ! c'est la gloire ! le grand œuvre aura trouvé un père.

Il s'interrompit, subitement agité par un léger frison. En ce moment, il tournait le dos au fourneau.

Il s'était tu pour mieux écouter.

Il avait cru percevoir comme une plainte lointaine et inarticulée.

Lentement, très lentement il se retourna et, lorsque son œil eut pu percer les ténèbres de la pièce, il devint plus pâle que le mort, ses deux bras s'étendirent comme pour repousser une effrayante vision et ses jambes fléchirent sous lui tant sa terreur fut violente.

Le gémissement qu'il lui avait semblé entendre n'était pas une illusion de son cerveau surexcité.

Sous la timide clarté du lampadaire à trois feux, les deux prunelles sanglantes et immobiles du cadavre brillaient éclairées par les lueurs rouges du fourneau. Sa mâchoire tordue se découvrait en un rire de damné et tout le corps agité par une stupéfiante contraction musculaire faisait s'abaisser et soulever alternativement la poitrine dont les muscles et les côtes saillaient en monticules sinueux.

Parfois le mort se dressait subitement sur ses coudes et le rictus de sa face exprimait un inénarrable tourment

Médusé, le franciscain se demandait avec effroi si la partie charnelle d'un damné subissait ainsi les tortures de l'enfer.

Cependant, Mario Montfalcone était brave et, comme toutes les autres sciences, la médecine et la chirurgie n'avaient pu lui dérober leurs secrets. Il ne lui fallut qu'un instant pour avoir raison de son épouvante et voir que le surnaturel était étranger à cet horrible retour à la vie.

Il remarqua, en effet, que les plus grandes contractions du corps se faisaient au moment où le sang qui était en ébullition dans le matras remontait par le tube jusqu'à l'artère.

L'exécuteur de rencontre avait été aussi maladroit que bien intentionné.

Le nœud coulant mal fait n'avait pas glissé, c'est ce qui expliquait les soubresauts d'El Demonio sous sa potence.

Enfin, dépendu lorsqu'il n'était que congestionné, l'abondante saignée pratiquée par le savant venait de le ressusciter.

Mario Montfalcone eut une seconde d'hésitation, se demandant s'il n'était pas du devoir d'un fidèle sujet du duc Spinelli d'achever ce qu'il avait ordonné.

Mais tous ses sentiments religieux se révoltèrent aussitôt.

— Avant tout, murmura-t-il, je suis serviteur de Dieu, et puisque Dieu a sauvé cet homme, c'est qu'il veut peut-être le voir racheter son âme de l'éternelle damnation.

Il s'avança résolument vers la table.

— Mon Dieu! acheva-t-il, votre volonté sera faite et, après le corps, votre très humble serviteur essayera de sauver l'âme !

III

La mixture de salpêtre

— Eh ! eh ! disait Mario Montfalcone, votre vie est courte, mais elle est largement remplie d'iniquités, maître Demonio. Votre histoire m'a fort édifié, causons un peu raison, maintenant... Vous avez, je pense, l'intention de vous amender, car vous me devez l'existence et si les habitants de Spolète, parmi lesquels on a eu de la peine à trouver un exécuteur, venaient à apprendre votre résurrection et votre séjour ici...

— Ils seraient bien capables d'enfermer dans la tour le voleur avec le sorcier, car c'est ainsi, je crois, qu'ils vous nomment, mon révérend, interrompit El Demonio... Mais n'ayez souci de cela, j'ai trop à cœur de vous payer ma dette pour vous exposer à aller en paradis par un chemin aussi peu agréable... Je suis encore un peu faible ; cependant, après-demain, demain peut-être, je vous tirerai ma révérence pour reprendre mon essor.

Cette conversation se tenait dans le laboratoire de la Tour de Satan, le troisième jour après la miraculeuse résurrection du bandit.

Les deux interlocuteurs étaient assis auprès de la table où ce dernier avait manqué trépasser, et partageaient fraternellement le modeste repas du moine.

El Demonio, le cou enveloppé d'un appareil, était encore pâle et ses traits énergiques très altérés ; mais avec la vie, il semblait avoir reconquis tous ses mauvais instincts. Affublé d'une vieille robe de Mario Montfalcone, il faisait, en mangeant, une comique grimace.

On devinait aisément que le frugal ordinaire du franciscain ne lui allait qu'à moitié.

— Mon ami, reprit sérieusement Mario Montfalcone, vous avez été l'objet d'une grâce spéciale de Dieu ; il serait insensé à vous de l'oublier jamais. Je sais que j'ai commis une mauvaise action, presque un méfait, en vous rappelant à la vie, cela suivant l'humaine justice. Mais, au compte de ma conscience, c'est-à-dire de la loi divine, je crois avoir fait œuvre pie, à la condition toutefois, que votre âme sorte des griffes de Satan. Voyons, mon fils, parlez-moi franc. Vous voulez me quitter ; est-ce pour aller servir Dieu dans une autre maison où sa loi est respectée ?

El Demonio eut un ricanement sinistre.

— Que non pas ! fit-il sans aucune feinte et en vidant un grand verre d'eau, seul liquide qu'il eût à sa disposition. Que non pas, mon révérend, je compte regagner l'Apennin, où doivent être encore quelques-uns de mes compagnons.

— Alors, votre but est de reprendre votre ancienne existence de meurtres et de rapines ?

— Je ne vois pas la commodité d'entreprendre un autre métier, à mon âge... Pourtant, ajouta-t-il avec une pointe de raillerie, s'il prenait fantaisie au duc de Spolète de me nommer capitaine de ses hommes d'armes et, en me payant grassement, de m'ordonner d'aller enlever le pape, je n'y verrais aucun inconvénient.

Mario avait eu un haut-le-corps en entendant prononcer ces inconvenantes paroles.

— Soldat ou aventurier c'est toujours semblable, reprit-il. Ne pourriez-vous mieux faire ?

— Mon éducation a été si négligée, fit cyniquement El Demonio, que je n'ai pas à choisir.

— Eh bien ! continua Mario Montfalcone, dont les prunelles brillantes couvaient le bandit, essaye au moins de faire preuve de bonne volonté. Ton éducation a été négligée, dis-tu ? je puis la refaire. Je puis faire plus encore. Il est en mon pouvoir de t'enseigner un métier qui te donnera la fortune bien plus rapidement et plus sûrement que celui de détrousseur de route. Vous vous demandez sans doute comment un malheureux et obscur savant, un pauvre franciscain que la populace traite de sorcier et que la bonté du duc Spinelli protège seule ; vous vous demandez comment ce misérable parle de richesse ?

Il se leva tout droit et acheva d'une voix tonnante :

— El Demonio, écoute et retiens !... Avant six mois le pauvre moine d'aujourd'hui aura plus de richesses que la terre n'en recèle en son sein et s'il le veut, alors, les plus puissants souverains du monde s'agenouilleront à ses pieds... Mais il ne le voudra pas, continua-t-il tout bas, parce que le serviteur de Dieu veut la gloire de son maître et non sa propre grandeur !

El Demonio n'avait pu entendre la fin de cette phrase. Il murmura, haletant et les yeux distendus par la convoitise :

— Expliquez-vous, mon révérend ; je ne demande qu'à vous croire et à m'amender.

— S'il en est ainsi, tant mieux. A la porte de cette demeure le peuple se vengerait sur toi par tous les moyens, mais si tu consens à rester près de moi dans cette salle où jamais nul ne pénètre, tu seras couvert par ma protection et par les franchises que m'a accordées le duc Spinelli. Avant peu, si tu es studieux et plein de bonne volonté, je ferai de toi un savant et, j'espère aussi, un pécheur repentant. C'est quelques mois de captivité et de travail acharné ; mais le prix est cent fois au-dessus des fatigues et des peines : El Demonio, gracié par ma toute-puissante intervention, ne pourra pas nombrer ses richesses et possédera la paix de sa conscience... Veux-tu partir, veux-tu rester ?

Dans le feu de son improvisation, le moine s'était animé jusqu'à tutoyer le bandit sans s'en apercevoir. El Demonio n'hésita pas une seule minute et lui répondit en employant la même familiarité :

— Pour une fois, mon révérend, et sans en prendre la coutume, je puis essayer de la reconnaissance. Tu m'as rendu, en somme, un assez bon service. Je ne suis pas un manchot et la tête est encore solide, quoi qu'ait pu faire le bon duc. Donc laissons de côté Dieu et le diable, si tu le veux bien. L'un et l'autre sont peu de mes amis et m'inspirent une confiance médiocre. A part ça nous devons facilement nous entendre, car l'alchimie et moi nous avons déjà fraternisé ensemble...

— Te moquerais-tu de moi ? interrompit le moine étonné.

— En d'autres circonstances, il n'y aurait là, de ma part, rien que de très naturel, mais j'aurais mauvaise grâce à le faire à l'heure même où ma piteuse fortune est entre tes mains.

Malgré les apparences, El Demonio parlait sérieusement et sans aucune intention railleuse.

— Voici en quelle circonstance, reprit-il. C'était il y a quelques jours à peine : les gens du duc Spinelli, comme je cherchais à lui enlever sa fille, m'enfermèrent dans une mauvaise soupente de leur triste caserne, pour mieux me surveiller, disaient-ils, mais en réalité parce qu'il n'y a aucune maison dans Spolète destinée à servir de lieu de détention.

» La mauvaise soupente était une vieille cuisine dont on ne se servait pas.

» Je m'en rendis compte en découvrant à tâtons l'âtre de la cheminée où se trouvaient encore quelques morceaux de charbon.

» Depuis longtemps sans doute on n'y avait pas allumé de feu, car les envois du conduit par où la fumée devait gagner l'extérieur étaient humides et tapissés de nitre.

» Chacun devine sans peine combien sont longues,

pour le prisonnier, les heures de la captivité... N'ignorant pas que la fuite m'était impossible, entouré comme je l'étais, je cherchais à distraire autant que possible mon esprit.

» Mais à quoi pouvais-je m'employer ? je n'avais rien pour m'occuper...

» C'est ainsi que, machinalement, sans idée arrêtée, je grattai avec un clou arraché à mon soulier le soufre avec lequel une barre destinée à maintenir le manteau de la cheminée avait été scellée.

» Quand ce travail m'eut suffisamment énervé, je reportai ma patience ailleurs et m'occupai à râcler le nitre sur les murailles.

» Lorsque j'eus deux petits tas de poudre de différente couleur, il me vint l'enfantine fantaisie de les mélanger à la poussière de charbon qui criait incessamment sous mes talons.

» En effet, usant à cela une partie de ma ration d'eau, je les amalgamai ensemble de façon à former une pâte avec laquelle mon intention était de modeler une figure quelconque. Mais le mélange n'était pas bien proportionné ou ces différentes matières ne pouvaient s'allier ensemble, car, lorsque la pâte fut sèche elle s'éparpilla en granules.....

» Comme j'allais la ramasser pour tenter un meilleur mélange, le soldat spécialement chargé de ma personne arriva faire sa ronde du soir et voyant, sur les carreaux du sol, le petit tas de poussière, il en approcha sa torche pour constater si ce n'était pas là un trou pratiqué pour une évasion.....

» Mais soudain !.....

— Soudain, interrompit Mario Montfalcone dont les lèvres s'agitaient depuis un instant, soudain, un fracas terrible retentit et vous vous vîtes entouré de flammes.....

— Qui vous l'a dit ? interrogea le bandit stupéfait.

— La science !

Tout en prononçant cela d'une voix grave, Mario avait été tirer une petite boîte de fer de l'armoire-bibliothèque contenant la collection complète des pierres. Il l'ouvrit, et versant sur la table quelques grains d'une poudre qu'elle contenait :

— Voici la poussière de feu que le hasard t'a fait rencontrer, dit-il.

Et comme El Demonio considérait la poudre noire avec un sourire incrédule, il ajouta, en allant chercher dans le brasier une tige de métal qui y rougissait et en la présentant au bandit :

— Essaye !

L'incrédulité d'El Demonio était réelle, car il ne se fit pas prier deux fois et dirigea vers la table l'extrémité incandescente de la tige.

Une gerbe de flamme jaillit, éblouissante, faisant trembler les murs du laboratoire et remplissant la salle d'un nuage d'épaisse fumée.

El Demonio s'était rejeté en arrière d'un bond, et ses yeux agrandis ne quittaient pas le côté de la table noirci par le feu.

— Comment avez-vous appris à faire cela ? demanda-t-il enfin.

— Dans ma découverte, à moi, répondit Mario Montfalcone, le hasard n'est pour rien. D'après les données du Syrien Callinique, j'ai recherché et trouvé ce feu en mélangeant les substances selon toutes les règles de la science... Mais, dis-moi, quel a été l'effet produit par cette flamme sur les idées du soldat de ronde ?

— Sur ses idées ? je n'en sais rien, répliqua le bandit ; mais je puis affirmer, par contre, que l'effet produit sur sa personne fut des moins agréables.

Il était aveuglé et avait la barbe et les cheveux roussis. Cependant, ceci m'importait peu, parce que, cerné comme je l'étais, il ne fallait pas songer à l'évasion...

Au fait, se reprit-il négligemment, pour quelles opérations l'alchimie se sert-elle de cette curieuse poudre ?

— Pour aucune.

— Sérieusement, cette trouvaille est inutile ?

— Sérieusement.

— S'il en est ainsi, mon révérend, fit encore El Demonio, dont la face s'éclaira d'un nouveau sourire, il faudra m'apprendre à composer cette poussière de feu, et peut-être qu'à nous deux nous parviendrons à lui donner un emploi.

IV

Essai de projection

Le grand œuvre avançait. Toujours persuadé qu'en cinq centuplant la puissance de toutes les essences il arriverait à composer la pierre philosophale, Mario Montfalcone avait calciné les pierres, fondu les métaux et distillé tous les esprits qui devaient entrer dans sa composition.

Quoique un peu trop familier peut-être, El Demonio qui, depuis deux mois, demeurait avec lui, se montrait ardent au travail et à l'étude. Aussi, aidant chaque fois l'alchimiste dans ses préparations, était-il devenu très habile.

Les préparations étant terminées, Mario s'occupait activement de la fonte de la gigantesque cornue de bronze où devaient s'amalgamer et se fusionner toutes les substances.

Presque tous les fondeurs des environs l'avaient rebuté, les uns disant qu'ils ne pouvaient faire une pareille pièce ; les autres se refusant à travailler pour un sorcier sans même chercher d'excuses.

Enfin le moine avait mis la main sur un riche fondeur de Spolète qui s'était engagé à couler cette énorme pièce d'un seul jet, et chaque jour il venait surveiller les ouvriers occupés à préparer le moule en terre glaise.

En ces heures d'absence, El Demonio restait seul au laboratoire et ne demeurait pas inactif, occupé qu'il était à construire le fourneau spécial sur lequel devait bouillir la cornue.

Une aventure extraordinaire et mystérieuse qui vint jeter l'épouvante dans la ville manqua interrompre subitement les travaux du maître et de l'élève.

Un soir que Mario Montfalcone était chez son fondeur et qu'aucune lumière ne brillait aux meurtrières de la Tour de Satan dont la noire silhouette se découpait à angles brusques sur le ciel clair, les arbalétriers de la garde du duc Spinelli virent passer le jeune novice des franciscains qui hâtait sa marche en se dirigeant vers la Tour. Il portait la nourriture de Mario et était en retard.

Mais tout à coup les arbalétriers s'enfuirent épouvantés.

A l'œil d'enfer, éteint maintenant, et qui perçait d'un trou plus noir la sombre muraille de la tour du sorcier, ils avaient vu briller un éclair, en même temps qu'une détonation retentissait, suivie d'un cri d'agonie.

Ce ne fut qu'au petit jour que les soldats du duc eurent le courage de revenir en cet endroit où ils trouvèrent, couché, la face contre terre, le cadavre du jeune franciscain dont la main crispée tenait encore le panier aux provisions. Le corps ne portait aucune blessure apparente.

Ce novice passait pour un jeune saint par la ville et lorsqu'on lui eut ouvert sa robe pour le visiter, les plus incrédules furent forcés de convenir qu'il s'imposait des pénitences anormales.

En effet, son buste était couvert d'une cotte de mailles serrée et adhérente à la peau, dont quelques pointes d'acier, retournées en dedans, pénétraient dans la chair.

Or, au côté gauche de la poitrine, juste à la place du cœur, elle était percée d'un petit trou rond.

Pour trouer une cotte d'acier avec une précision semblable, il n'était ni épée, ni lance, ni masse d'armes.

Cette régularité de perforation dénotait une force inconnue et presque infernale.

Mise au fait des aventures de la nuit par les arbalétriers, la foule qui s'était assemblée autour de ce cadavre eut l'idée faire *payer* du même coup toutes ses terreurs en anéantissant la demeure du sorcier.

Elle allait même mettre son projet à exécution, lorsqu'elle recula subitement avec les sourds grognements d'un fauve blessé.

Une grosse charrette, traînée par huit chevaux, venait de paraître sur la route, et sur cette charrette, que suivaient Mario Montfalcone et dix compagnons fondeurs, se prélassait la giganteste cornemuse de bronze fondue pendant la nuit.

Peut-être que la vue seule de l'alchimiste avait produit cette rapide reculade ; peut-être aussi que l'aspect de cet instrument étrange était pour quelque chose dans ce changement de front.

Mario, étonné de voir cette multitude autour de sa

maison, voulut connaître le motif de cette nouvelle exaltation. Lorsqu'on lui eut conté l'événement de la nuit et montré le cadavre du jeune novice, il alla s'agenouiller près de ce dernier pour réciter une prière ; puis, les larmes aux yeux, et tout prosterné qu'il était, il dit gravement en étendant sa main droite au-dessus du mort :

— Vous auriez tort de me soupçonner, mes amis ; j'aimais cet enfant plus que personne et j'avais pour lui l'affection d'un père : aussi, sur le sang du Christ, mort pour nous tous, sur la vie éternelle, en laquelle j'espère, je jure que je ne suis pour rien dans le meurtre de ce pauvre enfant.

Et, comme la foule, peu disposée à le croire, gardait un silence accusateur, il reprit :

— Pourquoi douter de ma parole ? Hier au soir, à l'heure où se passait ce que vous venez de me narrer, j'étais à la fonderie de maître Paolo Luidgi, où j'ai travaillé jusqu'au jour. Demandez-le plutôt à ces compagnons.

— C'est vrai, affirmèrent les fondeurs.

Sans plus s'occuper de ce que pensait ou ne pensait pas la foule, Mario, toujours agenouillé près du cadavre, se mit à examiner minutieusement la plaie de la poitrine, car on l'avait dépouillé de ses vêtements jusqu'à la ceinture.

Les habitants de Spolète, dominés par la curiosité qui entravait en partie leur colère, se pressèrent autour de lui.

— Voici une blessure étrange et comme je n'en

vis jamais, murmurait le moine, se parlant à lui-même ; je ne connais pas d'arme de trait assez puissante pour faire pénétrer un aussi petit corps à travers une bonne cotte de mailles… et pourtant, le trou qui perce la poitrine semble avoir été fait avec un tout petit morceau de métal… Il y a là pour moi un inexplicable mystère.

Il se releva sans mot dire et alla ouvrir la porte de la Tour de Satan.

— Mes amis, fit-il alors en élevant la voix, allez prévenir au couvent des franciscains, je vous prie, pour que le corps de ce jeune saint soit enterré en terre chrétienne avec les cérémonies religieuses.

Sur un signe de lui, les dix fondeurs déchargèrent l'immense cornemuse de bronze et allèrent la placer sur le fourneau qu'El Demonio avait construit dans la salle basse pour cet usage, parce qu'il eût été peu sage de hisser la cornue au premier étage, vu le peu de solidité de la tour.

La porte demeurant grande ouverte, la multitude suivait avec intérêt cette curieuse manœuvre qui l'émotionnait, surtout parce qu'elle n'y comprenait rien.

De groupe en groupe on se demandait à quoi pourrait bien servir cette grosse marmite qui avait une corne.

En sortant de la tour, l'un des compagnons fondeurs, qui était de joyeuse humeur, avisant une vieille femme qui s'enquérait de cela, répondit sérieusement :

— C'est pour faire bouillir une pommade qui rendra des cheveux aux crânes dépouillés, la mère.

Furieuse de cette plaisanterie particulièrement mauvaise à son endroit puisqu'elle n'avait plus de cheveux, la vieille grommela dans sa bouche édentée :

— Riez! riez! les rieurs ne riront pas toujours et par quelque belle nuit de tempête le démon emportera sa maison, son sorcier et sa marmite, dont le but évident est de rôtir les petits enfants.

V

Le cauchemar du franciscain

Il n'y a pas à se le dissimuler, Mario Montfalcone était content; après plusieurs années de luttes et de fatigues inouïes, il allait enfin toucher au but. En effet, lui et son aide venaient de passer deux jours et deux nuits devant le fourneau, et maintenant ce n'était plus qu'une question d'heures.

Le dégel était venu; un manteau de buée humide enveloppait Spolète. C'était une de ces lugubres nuits où les âmes errantes souffrent et se plaignent de retrouver au dehors le même atmosphère qu'en leur cercueil.

Epuisé, moins par le travail que par l'idée qui sans répit traversait son cerveau, Mario Montfalcone avait cru pouvoir prendre un instant de repos et s'étant étendu sur la table, dormait d'un sommeil agité.

Il ne manquait plus que la volonté du maître pour que le grand œuvre soit accompli.

Toutes les matières devant entrer dans sa composition étaient en tas, prêtes à être jetées dans la cornue de bronze.

Il y avait là les minéraux et les métaux, les matières végétales et animales.

Le fourneau était éteint, mais, bourré de charbon et de brindilles, il n'attendait qu'une étincelle pour se mettre à ronfler en jetant vers le ciel noir, par le large tuyau de sa cheminée, une colonne de flamme et de fumée.

El Demonio veillait. Pour la sixième fois il venait de retourner le sablier, ce qui marquait trois heures de nuit.

L'ex-bandit s'approcha de son maître et, ayant constaté qu'il dormait profondément, El Demonio passa dans l'étroit et obscur conduit qui avait été ménagé entre la muraille et le fourneau. Quand il en sortit, il poussait devant lui une sorte de petite caisse en bois, cerclée de fer.

Arrivé près du fourneau, El Demonio découvrit cette caisse avec des précautions infinies et, à l'aide d'une mesure en écorce d'arbre, il se mit à transvaser la poussière noire qui s'y trouvait, dans la grande cornemuse de bronze dont la rotondité bouchait hermétiquement l'ouverture du fourneau.

Lorsque cette opération eut pris fin et qu'il ne resta plus vestige de la poussière dans la caisse, l'ex-bandit avec le secours d'un maillet força un bouchon d'érable dans le bec de la cornemuse.

Ensuite, avec une adresse merveilleuse, El Demonio, quoique ne possédant pas les clefs, ouvrit la serrure d'un coffre dont il tira la robe neuve de son maître, un manteau et un sac bourré d'or.

Après avoir soigneusement caché tout cela dans un coin, El Demonio referma le coffre et prit à la main une tige de fer creusée en forme de tube.

Puis il s'approcha de la table où reposait le franciscain.

Quoique tous ces préparatifs de l'élève alchimiste n'aient pu se faire sans bruit malgré les précautions qu'il prenait, le moine dormait toujours ; son sommeil enfiévré semblait agité par un mauvais rêve, sa respiration était courte et sifflante.

— C'est égal ! pensait El Demonio en considérant d'un œil mauvais le tube qu'il tenait à la main ; c'est égal ! ce petit imbécile de novice n'a pas eu la vie dure !...

Puis regardant le dormeur :

— Il faudrait qu'il puisse voir, lui, et comprendre, pendant que le feu s'allumera sans la cornemuse... ce serait bien regrettable s'il mourait trop vite !

— Par le diable, mon seul maître et seigneur ! reprit-il au bout d'un instant, le brave homme semble satisfait de la drogue que je lui ai fait prendre pour dormir, mais il ne faut pas qu'il s'y accoutume, car l'aventure ne serait plus aussi réjouissante et je veux, en échange de tous les secrets qu'il m'a appris, je veux lui montrer mon invention à moi ; invention qui vaut bien la sienne !

Tout en parlant, son bras secouait le moine tandis qu'il criait :

— Le sablier vient de marquer la cinquième heure, maître, à l'œuvre donc !

Mario Montfalcone qui venait de pousser un gémissement dans son sommeil et de se débattre contre une vision obsédante, se releva si brusquement qu'il manqua tomber en bas de la table. Ses yeux étaient agrandis comme sous l'empire d'une épouvante inouïe, son corps avait un frémissement convulsif, ses dents s'entrechoquaient avec bruit.

L'ex-bandit le regardait avec stupéfaction.

— Que se passe-t-il donc? interrogea-t-il; et qu'avez-vous pour frissonner ainsi, maître?

— Merci de m'avoir arraché à cet horrible cauchemar, murmura le franciscain d'une voix sourde.

— Oh! oh! fit El Demonio, reprenant aussitôt son air gouailleur, aurais-tu vu le pape en enfer?

Mario Montfalcone, les yeux encore retournés, s'avança vers lui d'un pas d'automate. Quand il fut tout près de lui, sa main se leva avec lenteur pour venir retomber pesante sur l'épaule du bandit dont les craintes revinrent en foule.

— Je n'ai pas vu notre Saint Père avec les damnés, fit le moine, et il faudrait te défier de ta langue lorsque tu parles des choses saintes, El Demonio; mais sans quitter la terre, il m'a été donné de voir tous les épouvantables supplices du séjour de Satan.

— Ce n'est pas possible.

Sans prendre garde à cette interruption qui avait été faite pour paraître prendre intérêt à ses paroles, le moine poursuivit :

— J'ai vu le séjour de la lamentation éternelle et cela sans quitter la terre..... As-tu entendu parler de l'abominable bataille de Courtray, gagnée par les Flamands contre le roi Philippe de France, dit le Bel, et où toute la noblesse française périt, dit-on.....

Mon père y était!

Nulle parole ne pourrait donner une idée, même

approximative, de la sainte horreur qu'il en garda.....
Eh bien! tout à l'heure, j'ai vu un champ de carnage tout semblable et d'une atrocité plus grande peut-être, car les morts qui le recouvraient par monceaux n'avaient été frappés ni de l'épée, ni de la lance, ni de la masse d'arme, mais portaient tous au front ou sur la poitrine une petite blessure uniforme, sanglante et ronde, identiquement pareille à celle du jeune novice assassiné sous la meurtrière.

Maintenant, El Demonio ne raillait plus; le teint habituellement allumé de sa joue était devenu d'une subite pâleur.

Il ne raillait plus, non! mais, plein d'effroi, il écoutait ce récit, terrifié à la pensée que l'alchimiste avait peut-être deviné ses sinistres projets.

— Loin! très loin! continuait Mario Montfalcone, dont la main devenait de plus en plus lourde sur l'épaule du bandit. Au delà des bornes qu'il est donné au regard humain de franchir, sur la crête des collines qui bordaient l'immense plaine de l'hécatombe, où la chair livide et déchiquetée recouvrait à tel point la terre qu'on ne la voyait plus, se montraient de longs et épais tuyaux de fer que supportaient de solides roues de chêne.

A tout moment, un homme hideux poussait de féroces éclats de rire et passait en courant derrière ces appareils, une baguette d'osier allumée à la main, et les tuyaux vomissaient du fer, des pierres, du feu, de la fumée.

Alors, au passage de ces traits inconnus, la terre

sanglante se soulevait en trombe et, mêlée aux lambeaux de chair livide, montait, obscurcissant le ciel, d'où semblait tomber une malédiction, et cachant le soleil derrière son rouge linceul !

Durant un moment, le silence régna dans la salle basse de la Tour de Satan.

Mario Montfalcone s'absorbait dans son souvenir, tandis que le bandit, émotionné par ses craintes, cherchait un moyen d'y parer.

Enfin, ce dernier, dont la nature incroyante ne pouvait longtemps demeurer sous le coup d'une préoccupation de cette sorte, s'écria tout à coup, soulagé qu'il était en ne sentant plus la main du moine sur son épaule :

— C'est fini, ces sornettes-là, nous avons mieux à faire, je pense, que de parler plus longuement d'un songe creux...

La voix grave de Mario Montfalcone l'interrompit :

— Si c'était un avertissement d'en haut?

— Allons donc !... une invention du diable, plutôt; il serait peut-être très heureux de nous voir échouer au moment de toucher le but.

— L'heure n'est pas encore venue de tenter la dernière et suprême expérience.

— Non, j'en conviens ; mais comme le brasier du laboratoire est encore allumé, nous allons en profiter pour forger le crochet qui doit nous servir à tisonner le foyer sur lequel est placée la grande cornemuse.

— Allons-y ! répondit simplement Mario en gravissant les échelons de l'échelle qui conduisait au laboratoire.

Arrivé là, le moine saisit le morceau de fer dont on voulait tirer parti et allait le plonger au milieu de la houille incandescente, lorsque El Demonio lui arrête le bras.

— Pas de ce côté, murmura-t-il ; l'autre extrémité est en métal plus grossier et probablement plus résistant à l'action du feu, tandis que cette partie fera un manche de toute beauté.

— Tenez ce bout, mon révérend, continua-t-il en introduisant lui-même la partie mauvaise sous la braise, je cours chercher le marteau.

Il disparut par le panneau avec une rapidité qui prouvait en faveur de son bon vouloir ; mais, la seconde d'après, alors qu'il eût dû être en bas, occupé à chercher le marteau, on eût pu voir sa figure grimaçante et cauteleuse paraître sournoisement derrière le battant du panneau et regarder le moine avec une expression de diabolique férocité.

Durant une seconde, Mario Montfalcone demeura immobile dans la position que lui avait donnée son élève.

Enfin, n'entendant aucun bruit, il se disposa à abandonner sa tige de fer pour voir où il était.

VI

Le rire du damné

Un violent coup de tonnerre ébranla les murs lézardés de la vieille tour, brisant le vitrail de la meurtrière du laboratoire.

Le franciscain poussa un gémissement rauque en portant à sa poitrine ses deux mains qui avaient laissé choir la tige de fer ; puis, ses jambes fléchirent comme écrasées par un poids trop lourd, et son corps, balancé dans une oscillation d'arbre battu par la tempête, alla s'allonger sur le sol, le visage collé contre les dalles.

Au râle de douleur poussé par le moine, un éclat de rire qui semblait sortir des entrailles de l'enfer avait répondu.

Bondissant par dessus les montants de l'échelle, l'ex-bandit s'approcha de son maître et retourna son corps inerte.

— Démon d'enfer, mon noble patron, merci ! hurla-t-il avec joie après avoir palpé le côté gauche de la poitrine du malheureux Mario ; le cher maître n'est pas mort, et nous allons pouvoir, à notre tour, lui démontrer notre talent.

La poitrine de Montfalcone se souleva haletante ; ses yeux s'ouvrirent démesurément, et ses pauvres yeux, égarés et voilés par les affres de l'agonie, se fixèrent avec épouvante sur le bandit.

— Il ne faudrait pourtant pas qu'il passe sans connaître les progrès de son élève, continuait celui-ci ; le cher homme en serait désolé.

Sa main secoua rudement le bras du blessé et il lui cria dans l'oreille :

— Es-tu mort, révérend ?

— Pas encore, répondit le franciscain d'une voix à peine perceptible ; mais réjouis-toi, démon, cela ne tardera pas.

Un éclat de rire, le même qui avait suivi le cri d'agonie de Mario, éclat de rire strident, infernal, terrible, sortit d'entre les lèvres d'El Demonio et fut répété par les solives enfumées du plafond.

— Ah ! ah ! très cher professeur, fit-il en s'applaudissant lui-même, le tour a été merveilleusement joué ; il faut avouer aussi que pour la première fois de ta vie tu t'es montré d'une naïveté surprenante. Comment, tu n'as pas compris, rien qu'en soupesant la matière que tu avais en mains, tu n'as pas compris que cette tige de fer était en réalité un tube chargé de cette poudre que tu m'as appris à préparer.....

Tu n'as pas compris, lorsque, *bout pour bout*, j'ai fait virer le tube entre tes mains, qu'un des côtés était hermétiquement bouché et devait servir à opposer assez de résistance pour projeter à l'autre bout toute la force des gaz contenus dans la poudre, dans cette poudre qui ne servait à rien avant que j'en apprisse le merveilleux secret !

Ah ! misérable chercheur, plus ignorant que savant; triple insensé, qui as eu la stupide idée d'arracher au cercueil le bandit El Demonio, pour lui apprendre le plus terrible moyen de détruire les hommes..... les hommes qu'il exècre et auxquels il fera verser des larmes à torrents !

Ah ! tu me croyais peut-être enfant des hommes ; tu te figurais que j'avais été créé par Dieu !.....

Son ricanement se fit sonore.

— Par Dieu ! moi ?.....

Détrompe-toi, moine !.....

Veux-tu savoir la date de ma naissance ?

Je suis né avant le premier homme !.....

Veux-tu savoir quel fut mon père ?.....

Satan fut mon père !

Veux-tu connaître quelle fut l'essence dont je fus formé ?.....

Ecoute...., c'est une légende :

Lorsque l'ange de la lumière se sachant le plus beau, le plus grand, le plus fort, se révolta contre Dieu, il y eut lutte dans le ciel.

Par une implacable malchance, le sort fit tomber celui qui par ses qualités marquantes devait être vainqueur. L'ange de la lumière, chassé du ciel, dégringola dans l'espace, poursuivi par l'archange saint Michel...

Pendant des années et des années, lui et tous ceux qui s'étaient attachés à sa fortune guerroyèrent dans l'espace contre les saintes phalanges.

Enfin, lorsque décidément vaincus, les anges déchus

virent s'ouvrir, sous leurs pieds, les crevasses de la terre, au fond desquelles était l'enfer, une larme perla à la paupière de leur chef et s'incrusta dans les flancs du Vésuve, tandis que lui disparaissait dans les profondeurs du cratère.

Ah ! ah ! ce n'était pas une perle de repentir, mais bien une larme de colère et de rage... Eh bien ! moine, je suis la larme de Lucifer !

Je suis la larme de Lucifer, un monstre à face humaine qu'il a laissé sur la terre pour inspirer le crime, répandre le sang, faire naître la douleur et le désespoir !

Regarde-moi, révérend ; je suis le génie du carnage... je suis la mort sans confession !

Sur les dalles, le franciscain se tordait ; les cuisantes douleurs de sa blessure n'étaient rien en comparaison des atroces tortures auxquelles on soumettait son esprit.

Ses prunelles dilatées par l'horreur étaient sans regard comme les yeux des aveugles, et il murmurait dans sa désespérance :

— Mon Dieu ! mon Dieu ! Vous m'aviez envoyé un rêve et votre serviteur n'a pas compris !

— Ce n'est pas tout, moine, reprit El Demonio, ne te hâte pas de te désoler. Mon nom vaut mieux que tous les parchemins pour indiquer d'où je viens. Passons maintenant à ce que je fais :

Dernièrement, c'est moi qui, de cette meurtrière, ai tué le jeune novice, ton frère en *oremus*, et cela, à une bonne distance, avec ce même tube qui t'a frappé et qui lance la mort plus sûrement que toutes les armes inventées jusqu'ici par monsieur mon père !

Ah ! ah ! pauvre innocent, qui pâlissais sur des bouquins pour chercher l'élixir de vie, quelle sottise !

Voilà la vrai trouvaille !

J'ai rencontré, moi, le secret qui va bouleverser le monde.

Tu avais inventé la poussière qui produisait un inoffensif éclair, j'ai découvert, moi, la force de projection de cette débile poussière, et j'en ai fait la poudre de mort !

Les saints canons ont défendu de se servir du carreau d'arbalète, si ce n'est contre les infidèles, parce ce que cette arme est trop meurtrière...

Entre nous, les saints canons ne sont pas bêtes, mais si j'allais vendre mon invention aux infidèles ?

Ah ! tu voulais posséder la poudre ! Réjouis-toi donc, maître, ton élève en fait ce qu'il veut ; il l'enfermera dans des centaines de gros tubes de fer et elle ira trouer au loin l'armure des chevaliers qui se coucheront sans combattre, comme l'herbe impuissante sous la faux du moissonneur...

Le franciscain, éperdu, trouva la force de dire :

— Par grâce, va-t'en, damné, et laisse-moi mourir dans la prière.

— Non pas, répartit le bandit dont le ricanement sinistre se multipliait et semblait sortir de tous les coins du laboratoire. Non pas, mon brave maître ; il ne faut pas qu'on puisse attribuer à l'enfer une invention qui vient du bon Dieu... Non pas, je veux que tu meures désespéré en maudissant celui que tu priais chaque jour !...

Ah ! ah ! entre nous deux s'est rouverte l'ancienne lutte du paradis, le combat du bien et du mal... mais, cette fois-ci, c'est le mal qui sera vainqueur !...

Tu voulais faire mentir mon nom, moine, tu voulais faire *El Angelo* d'*El Demonio*, mais j'ai été le plus fort et tu paieras la dette des vaincus.

Profitant de notre miraculeuse ressemblance, je vais me substituer à toi et rentrer dans la peau ou, pour mieux dire, dans la robe et dans le rôle de Mario Montfalcone, le franciscain, le savant docteur de Spolète.

Je parcourrai le monde à la recherche du roi le plus riche et le plus affamé de carnage. A celui-là, je vendrai mon secret.

Et les siècles à venir prononceront ton nom exécré avec dégoût...

Et l'histoire épouvantée relatera la vie d'un serviteur de Dieu qui consacra ses jours à trouver un moyen de peupler l'enfer !

C'en était trop, le pauvre Mario Montfalcone poussa un long cri et s'évanouit.

Mais ceci ne faisait pas le compte du bandit dont la féroce cruauté ignorait toute pitié :

— Pas de ça, mon savant docteur, murmura-t-il en secourant le blessé ; pas de faiblesse, mon bon maître ; il faut avoir le courage de quitter ce monde avec la pleine connaissance du mal qu'on y a fait et des plaies qu'on laisse derrière soi.

— Démon! murmura le moine en se dressant sur son coude d'un effort suprême ; Démon, je prie Dieu qu'il prenne en pitié ton âme et la mienne !

El Démonio était déjà en bas de l'échelle et retirait de l'endroit où il les avait cachées la robe monacale et l'escarcelle pleine d'or.

— Il n'en aurait souci ! cria-t-il. Au reste, tu n'auras pas fait fondre pour rien ta grande cornemuse, mon révérend... Pendant que tu avais ton doux rêve, je la remplissais de poudre... Sois donc reconnaissant envers un bienfaiteur... Je vais allumer le fourneau et t'envoyer en paradis avec tout ce que tu aimais... après cela je te rendrai célèbre... On ne peut exiger plus d'amitié, je t'en fais juge !

Un formidable éclat de rire du damné ponctua ses paroles.

Aux derniers mots du bandit, Mario Montfalcone s'était mis à genoux au prix de souffrances inouïes, et maintenant, à quatre pattes, il se dirigeait vers la meurtrière, lentement, péniblement, laissant de son sang sur chaque dalle.

En bas, le fourneau s'allumait avec des ronflements formidables.

La clef grande ouverte de la cheminée activait le tirage, et les flammes sucées par le grand air, s'élançaient au-dessus des créneaux.

— Mon Dieu, ayez pitié !... Mon Dieu, soutenez-moi ! répétait Mario Montfalcone, dont la respiration sifflait et qui n'y voyait plus.

Enfin, il atteignit la meurtrière. D'un suprême effort

il parvint à se dresser, mais là, ses nerfs surexcités se détendirent, son corps se ploya en deux et, la tête l'emportant, il roula dans le vide...

. . . .

Le lendemain matin, la petite ville de Spolète se transporta tout entière au lieu où s'élevaient naguère la demeure princière du duc Spinelli et la *tour de Satan* qu'il avait prêtée à son sorcier, le savant Mario Montfalcone.

Du château et de la tour il ne restait plus qu'un grand trou noir et quelques pierres calcinées.

Durant la nuit une formidable explosion avait fait trembler la terre.

Toutes les maisons de la ville avaient été remuées comme par un cataclysme immense, et, aux lueurs sinistres d'un volcan, quelques habitants avaient aperçu des blocs de pierre et des poutres enflammées monter vers le ciel.

VII

Coup d'œil historique

Le nom de Crécy est sinistre, l'histoire ne le prononce qu'en frémissant. La France était en un de ces temps où tout semble tourner au détriment d'un empire; sa cause était grande, les défenseurs ne lui manquaient pas; la chevalerie était en sa splendeur.

Un roi vaillant courait de sa personne aux premiers périls; ce roi était bon et vertueux, mais la fortune fuyait, où plutôt Dieu envoyait à la nation une de ces fatales épreuves qu'il faut aux peuples de loin en loin pour les refaire (1). »

Un an s'était écoulé depuis le terrible drame qui fait le sujet du commencement de ce récit. Nous ne sommes plus en Italie, dans la petite ville de Spolète, mais en France, sur la côte normande.

Edouard III, roi d'Angleterre, que sa haine pour la nation française talonnait toujours, avait équipé une nouvelle flotte, et, à la tête de 32,000 hommes, avait pris terre à la Hogue-Saint-Vaaste, ayant avec lui son fils le prince de Galles, alors âgé de quatorze ans.

---

(1) Laurentie : *Histoire de France.*

Guidé par Godefroy, seigneur d'Harcourt, qui, suspect à la cour de France, s'était empressé d'aller lui offrir ses services et se vengeait des soupçons par des crimes, il s'était emparé de Barfleur, de Cherbourg, de Valognes, et marchait sur Caen.

Notre intention n'est pas de faire tout au long le récit de cette guerre atroce; cependant, pour en arriver au fait principal, un aperçu de la situation nous semble nécessaire.

Caen était une ville ouverte et sans remparts; un seul château la défendait.

Lorsque l'on vit arriver les Anglais, qui comptaient bien piller la place et d'avance en escomptaient la richesse, l'évêque de Bayeux se jeta dans la ville avec la noblesse des environs et donna courageusement le signal de la défense.

Tout d'abord, les paisibles habitants de Caen, craignant les représailles, étaient assez d'avis de se rendre sans combat, mais lorsqu'ils virent arriver à leur secours le connétable comte Raoul d'Eu et le comte de Tancarville à la tête de quelques gens d'armes, ils furent soudain enflammés par la fièvre du patriotisme et jurèrent de se battre jusqu'à la mort.

C'était déjà un assez beau résultat.

Raoul d'Eu en rêvait un meilleur.

Le courageux connétable rêva que, aidé par cette milice bourgeoise, il pourrait peut-être arrêter les Anglais et les reconduire au pas de course jusqu'à leurs vaisseaux.

Dans cette intention, il n'épargna ni ses jours, ni

ses nuits pour leur apprendre à porter convenablement les armes.

Ces pauvres bourgeois, tout fiers de ce nouvel état, eurent le tort de se prendre au sérieux. Ils ne parlaient rien moins que d'aller prendre Edouard au milieu de ses chevaliers, mais, au premier choc de ceux-ci, ils s'éparpillèrent dans toutes les directions comme une volée de canards.

Seuls contre mille, le connétable et Tancarville se battirent comme des enragés. Leur valeur, hélas! ne pouvait pas servir contre le nombre ; ils furent faits prisonniers.

Lorsque les soldats ennemis pénétrèrent dans les rues, les bourgeois de Caen, honteux de leur faiblesse et revenus d'une première stupeur, des fenêtres de toutes les maisons, firent pleuvoir sur eux une grêle de pierres et de flèches.

A la rigueur, ceci pouvait être utile si les Anglais n'avaient pas été si nombreux ; mais, rendus furieux par la mort de quelques-uns des leurs, ils mirent la ville à sac et peut-être que tous les habitants en auraient été passés au fil de l'épée, si Godefroy d'Harcourt, tardivement repentant, n'avait été supplier Edouard de mettre un terme à toutes ces vengeances.

Edouard, lui, ne demandait pas mieux ; ce qu'il voulait, en somme, c'était de l'argent et de la gloire. Ayant atteint la seconde partie de son but, il s'y prit du mieux qu'il put pour assurer le succès de la première.

Tout d'abord, trois cents bourgeois des plus riches

et soixante chevaliers furent enlevés, pour leur faire payer rançon, et on les envoya en Angleterre en compagnie d'un immense butin.

Tancarville et Raoul d'Eu furent du nombre de ces exilés.

C'est ainsi qu'Edouard s'entendait à remplir son escarcelle.

Il ne devait pas s'arrêter en si bon chemin et lança son armée sur la route de Rouen, espérant s'en emparer aussi facilement que des autres villes. Mais là devait s'arrêter, pour un moment, au moins, ses commodes victoires.

Le jeune comte Jean d'Harcourt, frère cadet du transfuge et aussi fidèle que son aîné était félon, commandait dans cette place et résista héroïquement. Il résista assez pour laisser au roi de France le temps d'accourir en personne à son secours.

Quand les deux armées furent en présence, Philippe de Valois offrit la bataille ; mais le roi anglais, qui se donnait déjà des airs de vainqueur, fit répondre qu'il ne l'accepterait qu'à son heure, et bien plus près de Paris, pour pouvoir y entrer ensuite.

En effet, tournant perdant la nuit l'armée française, il se mit à remonter le cours de la Seine, pillant et brûlant tout ce qui se trouvait sur son parcours.

Pont-de-l'Arche, Vernon, Meulun, Louviers flambèrent.

Arrivé à Poissy, il envoya ses troupes incendier le château de Saint-Germain, les bourgs de Nanterre, de Ruelle et tous les villages jusqu'à Neuilly.

On peut dire que, depuis la prise de Paris par les Normands, jamais les Parisiens n'avaient eu une si belle peur; en voyant les flammes s'élever tout autour des murs, ils crurent sincèrement que rien désormais ne pourrait résister à la colère d'Edouard III et à la valeur de ses armes.

Pendant cela, Philippe de Valois semblait frappé d'un découragement fou; portant sur ses traits la plus noire tristesse, fatal indice de ses malheurs, il allait et venait entre Saint-Denis et Poissy, Poissy et Paris.

Néanmoins, son découragement était un peu prématuré; il est vrai que son armée avait suivi celle d'Edouard tout le long de la Seine, sans pouvoir arrêter ses ravages; mais une autre s'étant formée à Saint-Denis, le souverain anglais se jugeant trop faible pour leur résister, commença à rétrograder.

C'est à ce moment-là même où l'avantage commençait à lui revenir que se montra la véritable folie du roi. Il allait par les rues de Paris, dit la chronique, racontant au peuple ses alarmes et disant qu'il était trahi.

« Aussi le peuple murmurait, disant que cette manière d'aller et de revenir était, en effet, une véritable trahison, et ils pleuraient avec raison (1). »

Si, au lieu de se lamenter ainsi, Philippe de Valois eût suivi son ennemi, il l'eût anéanti sans grand'peine. En effet, après avoir dévasté les faubourgs de Beauvais, Edouard se trouva arrêté, par la Somme, au pont de

---

(1) *Grandes Chroniques.*

Rémy, gardé par les 12,000 hommes de Godemar du Fay.

Sans la trahison d'un prisonnier qui, pour racheter sa liberté, lui indiqua un gué, le roi anglais n'eût peut-être jamais revu ses Etats.

Mais, une fois de l'autre côté de la Somme, il eut tout le loisir de se fortifier sur une colline dominant le bourg de Crécy.

Il avait alors avec lui 30,000 archers et 4,000 hommes d'armes.

C'est là que devait se décider la fortune de la France.

VIII

Le sombre chevalier

Parti le matin même d'Abbeville sous une pluie battante, à la tête de sa grande armée, qui marchait joyeuse, bannière déployée, Philippe de Valois ordonna de faire halte à une lieue environ du camp anglais, et envoya quelques-uns de ses chevaliers pour éclairer les positions de l'armée ennemie.

Au nombre de ces chevaliers se trouvait un nommé Vincente Malatesta qui se disait Sicilien d'origine et était au service d'un prince italien, le duc Spinelli.

Arrivé depuis peu à la cour de France, avec son maître, ce Vincente Malatesta était une vivante énigme.

Il passait pour connaître beaucoup mieux les mystères de la science que les beaux coups d'épée.

Et pourtant, c'était un héroïque combattant contre lequel nul n'eût essayé de se mesurer en lice et seul à seul.

A propos des étonnants prodiges qu'accomplissait sa science, on racontait de lui une cure merveilleuse. Le duc Spinelli, son maître, ayant perdu ses deux bras dans un incendie formidable, suivi d'une explosion inexplicable, il lui avait fabriqué des bras mécaniques, desquels l'Italien se servait avec une prodigieuse facilité et une habileté incontestable, comme pouvaient en témoigner tous les cadavres des ennemis qui passaient à portée de sa redoutable masse d'arme.

Au vrai, aucun n'aurait su dire d'où venait et quel était cet homme qui fuyait de parti pris la société de ses compagnons et menait une vie rigoureusement austère.

Peu connaissaient son nom ; aussi, à cause de la noirceur uniforme de son armure, toute en acier bruni, depuis les jambières jusqu'au casque, l'avait-on surnommé le *Chevalier noir*, ou mieux le *Sombre chevalier*, car il n'était pas jusqu'au panache qui ombrageait son cimier qui ne fût de couleur foncée.

Les mieux renseignés ou les plus bavards parlaient en le désignant d'un certain Mario Montfalcone, alchimiste du duc Spinelli, à l'époque où celui-ci était encore payen, et qui avait été emporté un beau soir par Satan, justement dans cette nuit funeste où le vieux duc avait laissé ses deux bras de chair et d'os sous les ruines de son château de Spolète, en même temps qu'il se sentait touché par la grâce.

Mais ceux qui disaient cela n'étaient point nombreux et parlaient tout bas, car ce terrible homme avait une telle façon de regarder, sa prunelle brillait d'un éclat si farouche derrière la grille baissée de son casque, et sa grande épée, plus lourde qu'une enclume, lui semblait si légère, qu'il inspirait une terreur superstitieuse aux moins timorés.

La pesante masse d'arme du duc et l'amitié du roi

de France n'étaient point non plus étrangères à ce respect.

En effet, depuis la venue de ces deux hommes à sa cour, Philippe de Valois avait avec eux des conférences particulières et fort longues. Il semblait avoir une confiance exagérée dans la fidélité et le talent de Vincente Malatesta.

Vincente Malatesta avait donc demandé au roi d'accompagner les chevaliers chargés d'aller en reconnaissance, ce qui lui avait été accordé.

En quittant Philippe de Valois, les princes du sang, les chevaliers, les hommes d'armes, tout le camp, enfin, avait pu constater que le roi serrait cordialement la main du sombre chevalier et lui parlait avec bonté.

Le duc Spinelli, prince de Spolète, attendait son fidèle compagnon près de la tente royale, il put donc entendre les dernières paroles du roi, et quoique ces paroles fussent extravagantes et mystérieuses, il n'en fut nullement étonné :

— Allez, Mario Montfalcone, disait Philippe de Valois, et que Dieu vous conduise, mon bon père ! Peut-être qu'Edouard, moins soucieux que moi de la vie de ses semblables, aura pu accepter les propositions de ce misérable.

Allez donc, mon savant père, et faites justice du damné.

Pour moi, si vous échouez dans cette tâche difficile, si votre dévouement est inutile et que vous ne reveniez pas, je jure ma foi de gentilhomme et mon espoir de chrétien que je remplirai vos dernières intentions en vengeant votre mort !

Après avoir embrassé son vieux maître, Vincente Malatesta sauta sur son cheval, dont la robe était aussi sombre que sa propre armure et qui, pour cette raison, avait été nommé *Erebus* par les quelques lettrés que comptait l'armée française. Le noble animal s'enleva tout aussitôt dans un galop furieux et rejoignit bientôt les chevaliers de France, qui étaient partis sans l'attendre.

Vincente Malatesta galopa pendant un gros quart d'heure à la tête de ses compagnons sans se mêler à leur conversation.

Soudain, il poussa une sourde exclamation et sa main, violemment contractée, fit saigner le mors d'*Erebus*, qui se cabra.

Les chevaliers de France venaient d'arriver sur le sommet d'une petite colline d'où la vue embrassait une grande étendue de pays et découvrait, entre autres, tout le camp anglais, dont les tentes étaient échelonnées sur le versant sud du monticule de Crécy. On pouvait aisément distinguer quelques groupes de soldats dont le soleil, alors dans tout son éclat, faisait étinceler les armures. Un grand nombre de ces hommes étaient employés à un travail bizarre ; ils poussaient devant eux des barils ou charroyaient des caisses qui toutes allaient se ranger auprès de longs tubes de métal, hissés sur des madriers ayant la forme de croix de Lorraine.

C'était la vue de ces longs tubes de métal qui avait

arraché une sourde exclamation au Noir chevalier. Le rayon aigu de sa prunelle, semblable à deux chalumeaux de flamme, passait au travers des grilles de son casque, paraissant vouloir fondre, à distance, le fer de ses inexplicables machines.

Vincente Malatesta compta jusqu'à quarante de ces tubes, rangés en bon ordre sur la façade du camp.

— Chevaliers du roi de France! cria-t-il alors de cette voix vibrante qui faisait frémir les armures, vous voyez ces machines assises sur des tréteaux, ces machines à l'air inoffensif dont vous ne vous expliquez pas l'usage.

Eh bien! ces machines, inventées par un démon et sorties de l'enfer comme celui qui les fit, vont, à l'heure du combat, porter la foudre dans vos rangs et anéantir l'armée royale en couchant dans la plaine des régiments entiers.

Un éclat de rire des chevaliers français accueillit cette étonnante déclaration.

— La science de votre pays, messire Syracusain, commença l'un d'eux, n'est pas la même que celle du nôtre. Ces engins, qui pourraient faire fuir des Italiens, ne font que nous amuser, nous autres Français. N'ayez peur, chevalier Malatesta, lorsque vous nous verrez courir, la lance en arrêt, sur le camp anglais, on retournera lestement pour nous arrêter ces machines, qui sont sans doute des barrières d'un nouveau genre.

— Insensés! gémit le sombre chevalier en se dressant sur ses étriers.

Puis il continua d'un accent plein de pitié, tandis que son bras tendu désignait toujours, d'un geste énergique, les engins destructeurs :

— Malheureux ! ouvrez les yeux de grâce et ne soyez pas plus longtemps aveugles.

Avant que vos coursiers bardés de fer aient franchi le quart de la distance qui nous sépare de l'ennemi, je fais serment, messeigneurs, que vous serez tous couchés dans la poussière, sans même avoir pu dégainer, car ces instruments vomissent un tonnerre contre lequel la protection des armures est inutile....

— Quel est ce conte à dormir ? voulut dire un des chevaliers.

— Au nom de Dieu, et de la bonne Vierge, au nom de monseigneur Saint-Denis, je vous supplie donc, chevaliers de France, d'aller répéter au roi, votre maître et le mien, ce que vous venez d'entendre, en l'adjurant d'attendre la nuit pour donner l'assaut au camp anglais.

— Par la foi chrétienne dont je suis un des fidèles, fit à haute voix celui des chevaliers français qui avait parlé le premier, voici une commission qui répugnerait à moins dégoûté que moi, messire. Les gentilshommes de notre pays n'entendent pas la guerre comme ceux du vôtre, et pour demander au roi de patienter, ne fût-ce qu'une heure, il faudrait que nous n'ayons guère de sang sous la peau et aucune revanche à prendre.

Le Sombre chevalier baissa la tête.

— Je prie Dieu de ne pas vous demander compte du

fleuve de sang qui va couler par votre insouciance, murmura-t-il.

En même temps il joua des éperons. Deux gouttes écarlates perlèrent sur les flancs noirs d'*Erebus*, et le noble animal s'élança comme un tourbillon, arrachant des étincelles aux cailloux de la pente qui conduisait au camp anglais.

Les chevaliers français étaient restés un instant abasourdis devant cette fuite qu'ils ne prévoyaient pas.

Revenant à eux, et voyant Vincente Malatesta agiter une écharpe blanche, ils fermèrent le poing, prêts à l'appeler traître et lâche ; mais ces paroles de malédiction ne sortirent pas de leurs lèvres, parce qu'ils éprouvaient un certain malaise en écoutant l'écho de la vallée, qui leur apportait ce dernier adieu du Noir chevalier :

— Je vais prier pour vous et essayer de venger votre mort, messeigneurs !

IX

Audience royale

Les hommes d'armes placés aux avant-postes du camp anglais observaient, depuis un bon moment, les gestes animés des chevaliers de France envoyés en reconnaissance ; aussi ne furent-ils pas peu étonnés lorsqu'ils virent l'un d'eux s'avancer vers leurs retranchements en agitant, comme un parlementaire, un morceau d'étoffe blanche.

Tout d'abord, on se demanda s'il ne serait pas prudent d'arrêter sa course folle en lui envoyant une flèche.

Mais cette proposition fut bien vite écartée par les gens sensés.

Que pouvait-on redouter d'un seul homme ? Il n'était pas admissible qu'il eût l'intention de surprendre le camp, lui tout seul.

Aussi, lorsque Vincente Malatesta arriva aux retranchements anglais se laissa-t-il faire prisonnier sans difficulté, attendu qu'il n'était venu là qu'en cette intention.

L'officier commandant le poste commençait son interrogatoire et le priait ironiquement de relever la grille de son casque pour se mieux faire connaître, mais il lui coupa la parole de cette voix acerbe que nous connaissons et qui n'admettait pas de réplique ;

— Allez dire au roi votre maître, fit-il, qu'il y a ici un chevalier au service de Philippe de Valois qui désire lui parler.

Sans savoir pourquoi, l'officier subjugué se dirigea tout aussitôt vers la tente royale, oubliant de faire surveiller le prisonnier.

Laissé libre de ses mouvements, Vincente fit deux ou trois pas à droite et à gauche, pour s'approcher finalement d'un de ces longs tubes de métal qui avaient si fort excité sa colère lorsqu'il était sur la colline en compagnie des chevaliers français.

L'Italie fournissait alors des hommes d'armes à tous les princes guerriers d'Europe.

Ces soudards par état furent les premiers à prendre le nom de *soldat* (à solde), comme devaient le faire plus tard les Ecossais sous Louis XI, et ensuite les Suisses.

En examinant soigneusement le tube de fer et les caisses pleines de boulets de pierre, Vincente demanda, en italien, à un soldat dans lequel il avait deviné un compatriote :

— A quoi sert cet instrument ?

— A lancer des cailloux, répondit l'autre, flatté qu'un chevalier français parlât sa langue.

— Et c'est vous qui les chargez ?

— Oui...

— Qui vous l'a appris ?

— L'alchimiste, parbleu ! le franciscain !

Si la visière du casque de Vincente n'avait pas été baissée, le soldat eût été étrangement surpris de voir l'effet produit par ses dernières paroles. Le visage du chevalier noir avait revêtu soudain une lividité mortelle.

Il eut pourtant la force de poursuivre :

— Un franciscain?

— Eh oui ! celui de Spolète, Mario Montfalcone, le sorcier du duc Spinelli; il a vendu au roi le secret de la poudre...

— Il est ici ?

— Qui ? le roi ?

— Non... le franciscain ?

— Certainement, le roi lui a confié le commandement de ses bombardes, après l'avoir couvert d'or... Il habite là.

Son doigt tendu désignait, au milieu du camp, une tente plus grande et plus riche que les autres, à l'entrée de laquelle un homme montait la garde.

L'officier de l'avant-poste qui avait été prévenir Edouard III revenait.

— Pourrais-tu me dire encore, mon ami, demanda Vincente, dont la voix n'était plus si mâle, pourrais-tu me dire pourquoi ce tube, ou, pour mieux me faire comprendre, cette bombarde, puisque c'est ainsi qu'on les nomme, est plus grosse que toutes les autres ?

— C'est le *Roi Edouard*. Au commencement de la bataille, notre sire et le prince de Galles, son fils, doivent y mettre le feu eux-mêmes. C'est leur bien.

Si le Noir chevalier, que chacun aura dû trouver bien curieux, avait fantaisie d'en savoir davantage, il dut maudire le retour de l'officier.

Celui-ci le conduisit jusqu'à la tente royale et prit le soin de lui enlever son épée et sa dague avant de l'y introduire.

Edouard III, qu'un premier crime avait mis sur le trône à l'âge de dix-sept ans et qui s'y était soutenu, par de nombreux forfaits, était un prince de haute stature, portant visage froid.

Il n'avait pas une intelligence bien supérieure, aussi aimait-il peu causer.

Son air rébarbatif ne trompait en rien sur son caractère qui était vindicatif, cynique et cruel.

Lorsqu'on introduisit le transfuge sous sa tente, il était armé de toutes pièces et consultait, avec le prince de Galles, quelques papiers épars sur une table.

— Vous avez demandé à me parler, commença-t-il d'une voix méprisante ; et quoique, généralement, je n'accueille pas tout le monde, j'ai bien voulu vous recevoir. Qui êtes-vous, et que me voulez-vous ?

Nullement décontenancé, l'autre repartit d'un ton hautain :

— Qui je suis ? Je suis le chevalier Vincente Malatesta, au service du prince de Spolète, qui lui-même sert le roi de France. Le surnom de Sombre chevalier que m'ont donné les gens de guerre doit vous être connu de réputation...

Edouard eut un soubresaut.

Il connaissait en effet de réputation le chevalier

Noir, dont on parlait sous la tente comme d'un démon ou d'un ange. Son regard chercha à percer le grillage du casque que, contre toute étiquette, le chevalier n'avait pas relevé.

Celui-ci poursuivit :

— Ce que je veux? je veux vous prévenir, roi Edouard, que vous avez dans votre camp un misérable et un traître... Vous doutez, mais vous me croirez sans peine lorsque je vous aurai dit qu'après vous avoir vendu le secret de la poudre et des bombarbes, l'arme la plus déloyale que l'on connaisse, cet homme a offert aussi, contre de l'or, son épouvantable trouvaille au prince de Spolète.

— Quoi, fit Edouard se mordant les lèvres pour contenir sa rage naissante, le franciscain Montfalcone.....

— Non, interrompit Vincente, Mario Montfalcone, le franciscain dont vous parlez est mort assassiné. Mais celui qui a pris son nom et que vous connaissez, est un voleur de grands chemins nommé El Démonio, qu'un miracle seul a sauvé de la potence où il devait expier ses forfaits.

— Le prince de Spolète est bien celui qui a eu les deux bras brisés dans un incendie?

— Oui, et c'est là même que Mario Montfalcone trouva la mort.

Le roi d'Angleterre fixa sur le transfuge son regard inquisiteur dont toutes les qualités s'émoussaient sur l'acier du casque.

— Si le traître a proposé son invention au prince de

Spolète, demanda-t-il encore, comme il est l'ami de Philippe de Valois, il a dû lui en parler, et tous deux ont apparemment accepté ?

— Vous jugez mal mon maître et vous soupçonnez à tort le caractère chevaleresque du roi de France, répondit Vincente. L'un et l'autre ont repoussé avec horreur les propositions du lâche; l'un parce qu'il est gentilhomme, l'autre parce qu'il a le cœur haut placé; et tous deux parce qu'une arme qui tue de loin et sans combat déplaît à leur loyauté de soldat.

Le prince de Galles eut un plissement de lèvres qui voulait ressembler à un sourire et qui n'était en réalité qu'une grimace.

Edouard s'était pris à marcher à grands pas sur les tapis qui couvraient le sol.

— Je ne vois pas trop, dit-il, quel intérêt mon beau suzerain Philippe aurait à me fournir les preuves d'une trahison qui lui serait si utile... Peut-être est-ce une ruse de guerre... les Français ont parfois des idées originales.

— Vous vous trompez encore, il n'y a ici ni ruse de guerre, ni intérêt quelconque, mais il répugne à Philippe de Valois d'acheter une victoire en faisant assassiner deux princes.

Pour le coup, Edouard sursauta franchement.

— Deux princes ! murmura-t-il.

— Oui, vous et votre fils. Et ce n'est pas un danger imaginaire, comme vous pourriez le croire; Philippe de Valois veut la mort du traître où l'accomplissement de son dernier forfait.

J'ai sur moi le prix du sang !

Voyez ce qui vous reste à faire.

Le jeune prince de Galles avait les traits tout décomposés par la peur; pour Edouard, la colère le faisait écumer.

— Montrez-moi votre visage, dit-il.

— Le roi de France lui-même ne le connaît pas, répondit le Sombre chevalier; si je le cache si soigneusement, c'est qu'il est horrible à voir : j'ai eu la figure entièrement brûlée dans un incendie.

La pensée d'Edouard avait tourné, il ne l'écoutait plus.

Soudain, il frappa deux coups sur un gong que supportait la table et dit à l'officier qui se présenta à la porte de la tente, l'épée nue :

— Faites venir à l'instant le franciscain Mario Montfalcone.

Puis, s'adressant au Sombre chevalier :

— Je ne demande qu'à vous croire, ajouta-t-il, mais il me faut des preuves... Tâchez de m'en fournir.

Le prince de Galles venait de quitter la tente après avoir échangé quelques mots à voix basse avec le roi.

Bientôt, l'officier auquel Edouard avait parlé revint, accompagné d'un grand gaillard portant un costume qui tenait le juste milieu entre l'habit monacal et l'armure des guerriers : une robe de franciscain sanglée sous une cuirasse, puis un capuchon, mais un capuchon de mailles sous lequel se voyait un regard hypocrite qui ne semblait pas complètement rassuré.

Edouard III affecta de ne point le regarder et dit à

l'officier qui venait de l'introduire dans la tente royale :

— Faites sonner le boute-selle pour les gens de ma garde. Je vais, avec le prince de Galles, visiter les avant-postes.

Puis, lorsque l'officier se fut retiré :

— Mario Montfalcone, fit-il de cette voix rêche et désagréable qui lui était habituelle, voici, ici présent, un écuyer du comte d'Alençon qui, mécontent de la façon dont le traite notre frère de France, veut se venger de lui et envoie vers nous l'un de ses chevaliers afin de nous faire connaître l'ordre de bataille de Philippe de Valois.

Il m'a semblé que, comme commandant des bombardes, il vous importait de savoir les points où nous aurons à opposer la plus énergique défense...

Pour vous, chevalier Malatesta, ne craignez pas d'être explicite.

Nous n'avons pas de plus fidèle serviteur que Mario Montfalcone.

Edouard III souleva la large portière qui masquait l'entrée de la tente.

Au dehors les trompettes saluèrent son arrivée, tandis qu'au dedans Vincente et Mario s'inclinaient, le premier en silence, le second en murmurant une banale parole de dévouement.

X

Parole d'Évangile

Le chevalier Vincente Malatesta ne s'était pas avancé à la légère en parlant de la trahison du capitaine des bombardes anglaises.

Le roi de France avait en effet reçu des propositions ambiguës à cet égard, mais il les avait repoussées avec horreur et l'affaire n'aurait pas eu d'autre suite, si le Sombre chevalier ne s'était mis en tête de venger d'avance la mort de tous ceux qu'allaient tuer ces machines infernales, en immolant leur exécrable inventeur.

Aussi, comme il était au courant des pourparlers engagés par le traître avec Philippe de Valois, avait-il cru devoir, au moment où Edouard III allait se fâcher, parler d'une mission secrète, employant ce subterfuge pour forcer le roi à croire aux agissements révoltants de celui qu'il considérait comme un allié.

— Eh bien, seigneur chevalier, j'attends vos instructions au sujet de l'ordre de bataille ? interrogea le faux Mario Montfalcone, en relevant le tête et en montrant l'éclair hypocrite de son regard, dès que le roi fut parti.

— Il s'agit bien de cela, interrompit Vincente ; ce stratagème n'avait pour but que de me donner la facilité d'être mis en rapport avec vous.

Aux premiers mots du Sombre chevalier, le bandit El Démonio, car c'était lui, éprouva une certaine gêne ; il lui semblait avoir entendu cette voix quelque part, mais la visière baissée de son interlocuteur lui enlevait tout moyen de mieux fixer son souvenir.

L'autre poursuivait :

— Philippe de Valois a réfléchi et consent définitivement à traiter avec vous pour l'affaire que vous lui avez fait proposer.

— Philippe de Valois n'a pas la décision rapide ; il a mis bien du temps, ce me semble, pour se prêter à une semblable bagatelle, fit le bandit en accompagnant ces mots d'un rire cynique.

— Pour tuer le roi d'Angleterre et le prince de Galles, dit encore le chevalier en élevant la voix à dessein, vous recevrez votre poids en monnaie d'or, comme vous l'avez demandé ; de plus, par arrêt spécial de Philippe de Valois, vous serez mis en possession du duché de Nevers.

— Ah ! ah ! voilà une galanterie qui me va droit au cœur ! Le roi de France est large, ce pourquoi je l'aime ; mais j'estime encore plus ses serviteurs, qui savent, avec tant de facilité, pénétrer dans un camp ennemi.

Cependant, messire chevalier, il ne faudrait pas qu'il vous prît fantaisie de vous moquer de moi comme d'un vulgaire Anglais. Je suis prudent ; c'est une qualité indispensable avec vous.

La besogne sera faite et bien faite, mais il me faut un gage.

Vincente Malatesta passa sa main droite sous le renflement de sa cuirasse et en retira une grande escarcelle à travers les mailles de laquelle scintillait le fauve reflet des écus d'or.

— Dans un cas comme celui-ci, toute précaution est de franc jeu, dit-il.

— C'est tout ce que vous avez ? interrogea dédaigneusement le bandit.

— Non, il y a encore ceci qui paierait le prix d'un empire, répondit le Sombre chevalier en arrachant un gantelet de fer et en tendant à El Démonio une bague surmontée d'un diamant d'une pureté inestimable.

Le bandit ébloui se précipita pour la saisir.

— Un instant, fit Vincente en retirant sa main. Si l'on ne saurait payer à juste prix le sang royal, du moins faut-il avoir ses sûretés pour une pareille dépense.

Vous ne demandiez qu'un gage ; moi je vous offre le prix intégral payé d'avance, car ce diamant vaut plus que votre pesant de métal jaune ; mais avant de vous le livrer, il me semble juste d'apprendre par quel moyen vous comptez purger la France du roi Édouard et de son héritier.

El Démonio garda le silence ; son regard restait rivé sur le diamant, dont les différents feux paraissaient exercer sur lui l'effet d'un gigantesque aimant.

Le chevalier poursuivit :

— Votre moyen doit être bon, je n'en doute pas ; mais hâtez-vous de me le dire, nous ne sommes pas ici en sûreté ; et si je puis emporter la certitude d'un bon résultat, ce joyau, arraché à la couronne de France, est à vous.

Les yeux du bandit étaient rouges, tant sa cupidité se trouvait excitée.

— Au fait, s'écria-t-il en poussant un hideux éclat de rire, le moyen est bien simple, je boucherai hermétiquement la gueule de la bombarde *le roi Edouard*, et lorsque le prince viendra se mettre derrière, avec son père, au commencement de la bataille...

— Eh bien ? demanda le chevalier en avançant la main.

— Eh bien ! rugit le bandit en s'emparant avidement du joyau, la pièce fera explosion sous la violente poussée des gaz et sa culasse, projetée en arrière, anéantira pour jamais le roi d'Angleterre et son fils.

L'atroce explication du maudit se termina dans un blasphème.

Trois soldats vigoureux pénétrant dans la tente comme par magie venaient de le jeter à terre et s'occupaient à le garroter solidement.

Edouard III était là, debout, hautain, inexorable, les yeux brûlant de fureur. Son doigt tendu désignait encore le misérable, maintenant réduit à l'impuissance.

Le roi d'Angleterre avait feint une ronde aux avant-postes pour détourner les soupçons, mais il était revenu sournoisement dans une autre partie de sa tente et, là, à l'affût derrière une porte d'étoffe, il n'avait pas perdu un seul mot de la conversation où l'on traitait du prix de son sang.

8.

. . . .

Il était à peu près onze heures du matin, l'armée anglaise venait de se ranger en bataille devant les bannières de France qui flottaient au vent à six ou sept portées d'arc du camp.

Des deux côtés, c'étaient les compagnies légères qui devaient donner d'abord.

Sur la gauche et sur la droite de l'armée française, les archers génois se tenaient prêts.

Au centre de l'armée anglaise, étaient les fameux archers de Cornouailles, dont aucune flèche ne se perdait, et quelques compagnies d'arbalétriers.

Les flancs du camp étaient gardés par les bombardes, entourées des soldats mercenaires auxquels on avait enseigné leur maniement.

Derrière la plus grosse bombarde *le roi Édouard*, Édouard III et son fils se tenaient immobiles, observant tous les mouvements de l'ennemi.

Sur la bombarde même, ficelé comme un saucisson, et ne pouvant faire aucun mouvement, se trouvait le faux franciscain El Démonio.

Il jurait, il sacrait, il écumait de rage, mais ces différentes et récréatives occupations ne l'empêchaient pas d'avoir sur ses lèvres cet épouvantable rictus qui est comme le rire des damnés.

Près de lui, la lance haute, la visière baissée, était le Chevalier Sombre, monté sur son noir cheval, Erèbe.

Tous deux, rigides et muets, semblaient faire corps ensemble, comme une statue de bronze.

Lorsque les trompettes sonnèrent, le roi et son fils s'éloignèrent sans mot dire, et Vincento Malatesta resta bientôt seul, tenant en main une baguette d'osier où s'enroulait une mèche de soufre enflammé, que lui avait passée le soldat de son pays.

La bataille s'engageait.

Alors, il se passa une chose étrange ; le Noir chevalier releva la grille de son casque et se penchant sur le bandit, montra à celui-ci ce que nul n'avait pu voir ni au camp français, ni au camp anglais.

Ce qu'El Démonio vit était probablement horrible, car cet assassin que rien n'épouvantait poussa un cri strangulé et se tordit en s'arrachant les membres.

— Je suis donc bien changé que tu ne me reconnais pas, El Démonio ! prononça tout haut le chevalier.

Un gémissement sourd sortit d'entre les lèvres décomposées du bandit.

— Mario Montfalcone !

— Oui, c'est bien moi, reprit le chevalier, et je croyais que tu m'avais rendu plus méconnaissable....

La flamme de sa mèche soufrée toucha la lumière de la bombarde.

— Celui qui s'est servi de *l'épée périra par l'épée !* continua-t-il ; je viens ici pour réparer le mal que je fis au monde par ma stupide commisération...

La poudre qui était répandue sur la lumière de la pièce crépitait.

Erèbe, enlevé vigoureusement, bondit en faisant voler au loin la terre détrempée de la rampe, tandis que le Sombre chevalier criait :

— Puisque tu n'as pas voulu du pardon de Dieu, démon! retourne en enfer, d'où tu n'aurais jamais dû sortir.

Au milieu de l'explosion qui déchira l'air, on entennit une voix satanique hurler :

— Le démon seul est Dieu !

Et des morceaux informes de chair sanglante et de fer noirci retombèrent en pluie sur l'armée anglaise terrifiée.

XI

La Fortune de France

L'armée du roi de France était plus nombreuse que l'armée anglaise, mais les soldats étaient fatigués par une marche forcée dans la boue, sous une pluie battante.

Le Sombre chevalier, ou pour mieux dire Mario Montfalcone, puisque nous connaissons maintenant son véritable nom, passa comme un ouragan au travers des premières lignes françaises qui commençaient à charger.

— Avez-vous réussi? demanda Philippe de Valois dès qu'il le vit.

— Beau sire, répondit le chevalier, qui avait rabattu la grille de son casque, je viens de venger ceux qui vont mourir!

Le roi eut un triste sourire et dit au prince de Spolète, qui l'accompagnait :

— Or ça, duc, mon ami, allons vaincre ou périr.

A peine avait-il commandé la charge qu'une grande rumeur s'éleva dans la plaine. Les six mille arbalétriers génois, effrayés par les premières volées des bombardes et ne pouvant se servir de leurs arcs, dont la corde était mouillée par la pluie, se repliaient en désordre sur les chevaliers, auxquels ils barraient le chemin.

Ils furent en grande partie cause du désastre de la journée.

Le comte d'Alençon, envoyé par le roi pour connaître les causes du mal, soupçonna les archers de traîtrise et précipita sur eux la seconde ligne qu'il commandait.

« On se doit bien charger de cette ribaudaille, qui faille au plus grant besoing, cria-t-il. Or, tôt, tuez! tuez! car ils nous empeschent la voie sans raison! (1) »

Menés par le noble comte, qui donnait lui-même l'exemple, les chevaliers passèrent sur le corps des Génois et arrivèrent en désordre devant l'ennemi.

C'est alors que les bombardes anglaises commencèrent à tonner, renversant les cavaliers, couchant les gens de pied et jetant l'épouvante et la confusion là où elles ne portaient pas la mort.

L'œuvre que les bombardes laissaient inachevée était terminée par les archers anglais ou par les gens d'armes du roi, dont les chevaux frais et vigoureux chargeaient avec une impétuosité irrésistible des cavaliers harassés par une longue marche et une nuit de veille.

Enfin, ce fut une lutte effroyable : les Français se précipitaient dans la mêlée, ne sachant pas même où frapper.

Le comte d'Alençon, celui-là même qui avait fait assommer les Génois, périt en combattant avec une témérité qui marquait son désespoir. Jean d'Harcourt fut tué sous les yeux de son frère Godefroy, le rénégat qui combattait sous la bannière du jeune prince de Galles.

---

(1) Froissard.

Dans ce désordre inouï, le roi de France combattait avec sa grande épée fleurdelisée. Il eut un cheval tué sous lui et aurait peut-être été fait prisonnier sans les prodiges de valeur de ses deux compagnons, le Sombre chevalier et le prince de Spolète.

Dans cette mêlée sanglante, l'intrépidité était inutile.

Le désordre avait rompu tous les rangs et troublait tous les corps.

Les hommes d'armes lâchèrent pied et les braves n'eurent plus qu'à se faire tuer.

Onze princes, quatre-vingts bannières, douze cents chevaliers et trente mille hommes périrent dans cette journée.

Chevaliers, nobles, soldats, voulaient également mourir; c'était un entraînement, une émulation fatale, une funeste soif du trépas.

En présence de ce désastre, le roi restait seul, désolé : ses deux fidèles n'étaient plus près de lui.

Quand la nuit tomba, Jean de Hainaut, qui voyait avec peine cette douleur, le força à s'éloigner et s'achemina avec lui vers le château de la Broye.

Les portes étaient fermées ; le châtelain, étonné d'une visite si tardive, refusa d'ouvrir. Et l'histoire enregistre le cri de ce roi désespéré :

« Œuvrez, œuvrez, c'est *la fortune de France* ! (1) »

Les Anglais venaient de gagner la bataille de Crécy.

Jamais pareil désastre n'avait éprouvé la France.

---

(1) Froissard.

Il faut dire aussi que pour la première fois la poudre avait parlé sur un champ de carnage.

. . . .

Le lendemain, quand le vent eut emporté la fumée; quand la terre se trouva repue du sang des morts; quand les Anglais songèrent à enterrer les cadavres pour éviter la peste, ils reculèrent épouvantés en s'approchant d'un groupe formé par deux chevaux et deux hommes morts.

Un de ces morts tenait encore à deux mains une puissante masse d'arme.

Il avait des bras mécaniques.

C'était le duc Spinelli.

L'autre, adossé contre le poitrail de son cheval, avait eu son casque enlevé par un éclat de pierre.

Le visage horrible n'était qu'une plaie, une plaie épouvantable, hideuse, mais une plaie de vieille date.

Il n'avait ni front, ni nez, ni bouche, rien que deux orbites où brillaient de grands yeux éteints.

Ce mort semblait prier et embrassait la croix de son épée, ou, pour dire vrai, la croix de son épée était appuyée à l'endroit exact où devait être sa bouche autrefois.

Sous son armure d'acier bruni, il portait la bure des franciscains et le cilice.

C'était Mario Montfalcone, le Chevalier Sombre, qui avait perdu son visage dans l'incendie de Spolète.

Mario Montfalcone, qui venait de voir s'accomplir son rêve de la *Tour de Satan*.

FIN

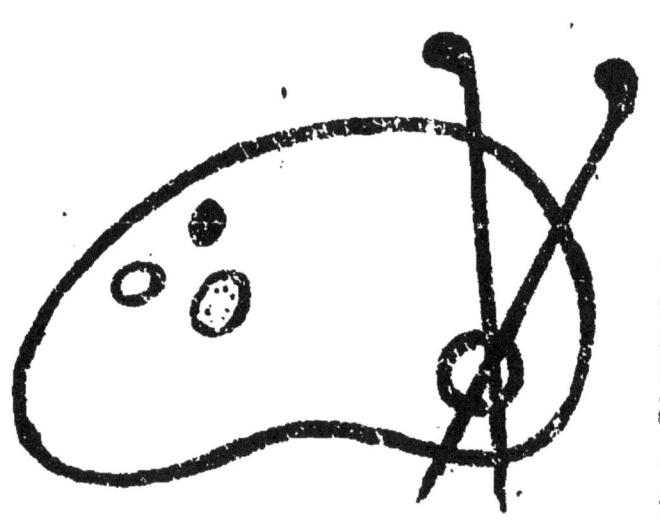

Original en couleur
NF Z 43-120-8.

www.ingramcontent.com/pod-product-compliance
Lightning Source LLC
Chambersburg PA
CBHW060139100426
42744CB00007B/836